Klaus Birker / Gabriele Birker

Bewußt leben mit dem Unbewußten

Bewußte Meditation • Drei-S-Methode

Grüne Reihe
Erfolg und Methodik GABAL Bd. 42

Herausgeber: Prof. Dr. Hardy R.Wagner

Klaus Birker / Gabriele Birker

Bewußt leben mit dem Unbewußten

Bewußte Meditation • Drei-S-Methode

1. Auflage 1992

GABAL

Die Reihe für Ihre erfolgreiche Zukunft

GABAL-Band 42 Erfolg und Methodik

Die Deutsche Bibliothek - CIP-Titelaufnahme

Birker, Klaus:
Bewußt leben mit dem Unbewußten : bewußte Meditation ;
Drei-S-Methode / Klaus Birker ; Gabriele Birker. [Hrsg.:
Hardy Wagner im Auftr. der Gesellschaft zur Förderung
Anwendungsorientierter Betriebswirtschaft und Aktiver Lehrmethoden
in Fachhochschule und Praxis e. V. , Speyer].
- 1. Aufl. - Speyer : GABAL, 1992
(GABAL ; Bd. 42 : Grüne Reihe Erfolg und Methodik)
ISBN 3-923984-42-1
NE: Birker, Gabriele:; Gesellschaft zur Förderung
Anwendungsorientierter Betriebwirtschaft und Aktiver Lehrmethoden
in Fachhochschule und Praxis : GABAL

1. Auflage Mai 1992

Titelbild: Dipl.-Designer Stefan Birker, 6806 Viernheim

Herstellung: Druckerei Fortmann
6720 Speyer

Herausgeber: Prof. Dr. Hardy Wagner im Auftrag der

Gesellschaft zur Förderung
Anwendungsorientierter
Betriebswirtschaft und
Aktiver
Lehrmethoden in Fachhochschule und Praxis e. V., Speyer

Dudenhofer Straße 46, 6720 Speyer
Tel. (0 63 32) 96 66, Fax (0 62 32) 9 86 09

Vorwort des Herausgebers

Der vorliegende Band ist nicht nur für den Leser, sondern auch für den Verlag ein "besonderes Buch":

Mit Band 42 stellen wir ein weiteres Element des Konzeptes STUFE - STUdium Fundamentale et Efficiens (vgl. S. 158) - vor, das für die gemeinnützige GABAL im Rahmen ihrer Zielsetzung in den nächsten Jahren zentrale Bedeutung haben wird.

STUFE dient dazu, Menschen - jungen Menschen in der Ausbildung, aber auch Managern und Nachwuchsführungskräften, sowie letztlich allen Berufstätigen und an ihrer Selbstverwirklichung Interessierten - die Besonderheiten der Methodik des Erfolgs aufzuzeigen und sie Schritte in eine erfolgreiche Zukunft zu lehren.

Deshalb gibt es zu dem vorliegenden Grundlagen-Band, der sowohl ein Arbeitsbuch für "Selbstlerner" darstellt als auch als Handbuch für Seminar-Teilnehmer konzipiert ist, zusätzlich einen besonderen Trainer-Leitfaden. Dieser Trainer-Leitfaden steht allen Engagierten zur Verfügung, die bereit und in der Lage sind, andere Menschen auf dem oft schwierigen Wege zur Selbstverwirklichung und zum Erfolg zu unterstützen. In den vergangenen Jahren haben die Autoren im Rahmen von GABAL-Veranstaltungen sowohl für Führungskräfte als auch für Studenten ihr Konzept mehrfach erproben und kontinuierlich verbessern können.

Mit *Gabriele Birker* und Professor *Klaus Birker* als Autoren-Team stehen zwei Experten zur Verfügung, die darüber hinaus u.a. zwei Eigenschaften in sich vereinen:

Die Fähigkeit, die Potentiale des Mental-Trainings auch selbst zu nutzen, sowie die weitere Fähigkeit, dies auch auf eine menschlich sehr ansprechende und fachlich überzeugende Art weiterzugeben. *Gabriele Birker*, Berufs-Pädagogin, ist langjährige, engagierte und sehr erfolgreiche Kommunikations-Trainerin; Dipl.-Kfm. *Klaus Birker,* Professor für Führungslehre und Controlling, war lange Jahre Manager - Geschäftsführer und persönlich haftender Gesellschafter eines namhaften, innovativen und erfolgreichen Handelsunternehmens -, der zugleich über intensive eigene Erfahrungen mit der Meditation verfügt. Das Ehepaar Birker leitet teilnehmer-zentrierte Seminare und führt auch Einzel-Beratungen - Couching - durch.

Gerade eine stärkere Nutzung der Potentiale des Unbewußten bietet erhebliche - oft ungenutzte - Möglichkeiten zur Steigerung des Erfolgs. Für ein Konzept, das Menschen lehrt, Erfolg - bzw. mehr Erfolg - zu haben, in diesem Sinne Element einer "Erfolgs-

Methodologie", ist ein solcher Baustein schon allein deshalb unverzichtbar. Hinzu kommt jedoch noch die Vernetzung mit den weiteren Elementen des STUFE-Konzeptes:

Im Rahmen der Überlegungen zur Berufszielfindung (Bd. 41) bietet die Anwendung des Mental-Trainings zusätzliche Möglichkeiten; insoweit stellt die Nutzung der Potentiale des Unbewußten eine wesentliche Bereicherung der Berufszielfindung dar.

Auch im Rahmen von Seminaren zum Thema Zeitmanagement sowie Lern- und Arbeitstechniken, z. B. beim Erfassen von Lernstoff und bei der Prüfungs-Vorbereitung, kann die Fähigkeit, Probleme **bewußt** über das **Unbewußte** zu lösen, eine u. U. sogar entscheidende Hilfe darstellen. Auf diese Möglichkeiten wird in einem weiteren Band der STUFE-Bücher - Ganzheitliches Ziel-, Zeit- und Selbstmanagement (Bd. 43) - Bezug genommen.

Der Herausgeber hatte bereits vor Jahren die Chance genutzt, im Rahmen mehrerer Seminare der sog. Silva Mind Control-Methode, diese kennen und die Chancen des Mental-Trainings nutzen zu lernen. Auf den GABAL-Symposien haben autorisierte Mind-Control-Trainer, Peter Koch-Weißgerber sowie die Schweizerin Francoise Mayor, Bausteine dieser Methode vorgestellt; sie sind dabei auf große Aufmerksamkeit gestoßen. Dies hat ihn veranlaßt, gemeinsam mit der Silva-Mind-Direktorin für die deutschsprachigen Länder, Maria Sorell de Neufchauteau, an einem 10tägigen Train-the-Trainer-Seminar in Houston / Texas teilzunehmen, und zwar insbesondere zur Anwendung und Übertragbarkeit der Methode auf Probleme des Managements.

Auch die menschlich und fachlich sehr wertvollen Kontakte zu Margarete Friebe haben ihn darin bestätigt, alle Möglichkeiten zu suchen und zu nutzen, diese wertvollen - eigentlich sogar unverzichtbaren - Erkenntnisse in das Konzept STUFE zu integrieren. Margarete Friebe ist es gelungen, auf der Basis des gemeinsam mit ihrem Mann konzipierten ALPHA-Trainings wertvolle und anerkannte Bausteine für die menschliche Selbstverwirklichung zu schaffen.

Die Besonderheit des in diesem Buch vorgestellten Konzeptes besteht darin - und auch insoweit unterscheidet es sich von dem oben erwähnten viertägigen Seminar der Silva-Mind-Control-Methode -, daß Gabriele und Klaus Birker einen Weg gefunden haben, das *"Leben mit dem Unbewußten" "bewußt erlebbar"* zu machen. Dies geschieht mit der Selbststeuerung im Rahmen der von ihnen entwickelten Drei-S-Methode. Damit verbunden ist auch und zugleich das Aufzeigen von Transfer-Möglichkeiten in den beruflichen und persönlichen Alltag.

Dieses Spezifikum - das *Unbewußte bewußt zu machen* - hat diesem STUFE-Baustein den Namen gegeben.

Dies ist zugleich die Voraussetzung für eine weitere Besonderheit des vorliegenden Buch- und Seminar-Konzeptes:

Durch die Kombination von Meditation **und** Drei-S-Methode werden im erlebnisorientierten Lernen Inhalte vermittelt, die sonst nur durch den Besuch mehrerer Seminare erlangt werden. Und dies bereits in einem 2-Tage-Seminar.

Autor, Verlag und Herausgeber wünschen dem vorliegenden GABAL-Band, der ein bei GABAL neues, aber für die Erfolgs-Verursachung wichtiges und sogar essentielles Thema für alle daran Interessierten einfach und zugleich umfassend darstellt, eine gute Aufnahme und eine weite Verbreitung; vor allem wünschen sie allen Lesern und Anwendern - auch den Seminar-Teilnehmern - einen hohen persönlichen sowie beruflichen Nutzen, auf dem Weg in "Ihre erfolgreiche Zukunft"!

Speyer, im Mai 1992

Der Herausgeber

Prof. Dr. Hardy Wagner

 = 1. Abschnitt = bewußte Meditation

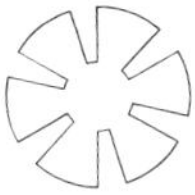 = 2. Abschnitt = Drei-S-Methode

 = 3. Abschnitt = Betrachtungen

Inhaltsverzeichnis

Geh, kauf Dir ein Los!

In einer Geschichte wird von einem Manne berichtet, der wochenlang mehrmals täglich betet "Lieber Gott, laß mich das große Los gewinnen!" Er betet zu Hause, er geht in die Kirche und zu anderen heiligen Stätten und betet immer wieder "Lieber Gott, laß mich das große Los gewinnen." Und nach einiger Zeit, als er wieder dasitzt und betet, öffnet sich der Himmel und eine Stimme ertönt: "Gib mir eine Chance. Geh, kauf Dir endlich ein Los!"

Was kann uns diese kleine Geschichte verdeutlichen? Beten, meditieren, **mentales Training** - kurz das Anrufen zusätzlicher Kräfte und Energien zu unserer Unterstützung - sind eine Sache. Unser eigenes Dazutun ist die andere; es zeigt sich in unserem **zielgerichteten Handeln.** In unserer Erzählung steht dafür der Kauf des Loses. Wenn beide auf das gleiche Ziel ausgerichtet sind, können sie sich **erfolgreich ergänzen.**

Das vorliegende Buch integriert zwei Wege zu dem von uns angestrebten Erfolg:

die Kontaktaufnahme zu den Energien und Kräften, die in unserem Unbewußten wirken; sie geschieht, indem wir unsere "innere Bewußtseinsebene erschließen - und zwar durch unser Alpha-Potential", **bewußte Meditation.;**

das Erlangen größerer Bewußtheit über uns selbst und zielgerichtetes Handeln durch Einsatz der "Drei-S-Methode" **(Selbst-Steuerungs-System)**

Die bewußte Meditation, der Weg zum Alpha-Potential, führt über unser Wach-Bewußtsein zu einer stärkeren Integration mit den Kräften unseres Unbewußten, und zwar durch Erschließung unserer "inneren Bewußtseinsebene". Bei diesem Mentaltraining geht es nicht um eine weltabgewandte Meditationsform, sondern um die Aktivierung all unserer Energien zur Erreichung bewußt gesetzter Ziele. Dabei wollen wir zur Unterstützung die Kreativität und Energie aus unserem Un-Bewußtsein zu-lassen; Ge-lassenheit fördert dies. Aber gerade in entscheidenden Problem- und Streßsituationen fehlt uns oft die kompetenzfördernde Ausgeglichenheit. Sie zu stabilisieren, ist mit ein Anliegen dieses Mentaltrainings, das aber weit darüber hinausgeht.

Das Selbst-Steuerungs-System - die Drei-S-Methode - hat sich als hilfreich erwiesen, mehr Bewußtheit zu erlangen über unsere Wahrnehmungen der gegebenen Situation und unserer Partner in ihrer Befindlichkeit sowie über uns selbst und unsere Verfassung, Wertsysteme, Gefühle und Ziele. Die Methode eröffnet uns einen Zugang zu unserer mentalen Energie, der Fähigkeit, unser Handeln in Einklang mit uns selbst zu bringen und erfolgreich zu sein. Ihre Anwendung geht über Kommunikationstraining und Teamentwicklung deutlich hinaus. Die zunehmende Bewußtheit der einzelnen Segmente des Modells und deren wechselseitiges Zusammenwirken schafft mehr Klarheit für uns selbst und damit die Basis, angemessen und authentisch überzeugend sowie konstruktiv zu handeln.

Die Drei-S-Methode wurde entwickelt aus der Praxis der Beratungstätigkeit und des Coachings mit Gruppen und Einzelpersonen. Ebenfalls aus der praktischen Seminararbeit entstand die Integration mit der hier dargestellten Methodik zur Aktivierung der Kräfte unseres Unbewußten - der bewußten Meditation - zu einem sich sinnvoll ergänzenden Training.

Unser Bewußtsein nutzt den Ver-stand, will ver-ständliche Lösungen und beharrt oft auf einengenden Standpunkten. Die Kreativität als dynamischer Prozeß sucht neue Dimensionen und Einsichten, ver-rückt dabei die Sichtweise und kann ver-rückte Ideen produzieren, die sich eventuell doch als sinnvolle Lösungen erweisen.

Unser Bewußtsein gezielt zu verbinden mit der Energie unseres Unbewußten ist wie die Vereinigung zweier Kräfte, die nun in gleicher Richtung ziehen oder wie ein harmonisch aufeinander abgestimmtes Tandem-Paar. Beide Wege wirken mit, den Grad unserer Bewußtheit zu erhöhen und unsere mentale Energie zu aktivieren. Damit erhöhen sie nicht nur die Wirksamkeit unseres Handelns und unseres Verhaltens, sondern bringen sie in Einklang mit unserem Selbst, steigern unsere Echtheit, damit unsere Überzeugungskraft und führen letztendlich zu mehr Erfolg. Und was Erfolg bedeutet, bestimmen wir selbst mit der Auswahl der uns gemäßen Ziele.

Die 8 Kapitel dieses Buches sind in jeweils 3 Abschnitte gegliedert.

Der **erste Abschnitt** eines jeden Kapitels behandelt die verschiedenen Phasen zur Nutzung des Potentials unseres Unbewußten - **die Phasen der bewußten Meditation.** Dabei werden jeweils Anleitungen gegeben, die es dem Leser ermöglichen, die einzelnen Schritte der Methodik selbständig einzuüben und sich damit ein zusätzliches Erfolgspotential zu erschließen.

Der **zweite Abschnitt** eines jeden Kapitels behandelt die **Drei-S-Methode.** Im ersten Kapitel wird das Modell als Ganzes dargestellt und nachfolgend jeweils eines seiner 6 Segmente. Im letzten Kapitel unter dem Abschnitt "Von der Reaktion zur Selbststeuerung" erfolgt noch einmal eine Zusammenfassung mit Anregungen zum Transfer in den eigenen Alltag.

Im jeweils **dritten Abschnitt** der einzelnen Kapitel werden in **Betrachtungen** Aspekte und Gedanken der vorangegangenen Abschnitte aufgegriffen und Zusammenhänge aufgezeigt. Hierbei zeigen sich sowohl Verbindungen zu neueren Entwicklungen - wie z.B. die Forderung nach ganzheitlichem oder vernetztem Denken - als auch zu jahrtausendealten Überlieferungen aus der östlichen Welt oder der hermetischen Gesetze aus dem alten Ägypten.

Das Buch ist so aufgebaut, daß es **"horizontal"** oder **"vertikal"** gelesen werden kann. D.h., entweder lesen Sie es, so wie Sie es gewohnt sind, von vorne bis hinten, Kapitel für Kapitel und in jedem Kapitel jeweils nacheinander die drei dazugehörigen Abschnitte. Oder aber Sie lesen es "vertikal", indem Sie zunächst aus jedem Kapitel die ersten Abschnitte - Bewußte Meditation - oder die zweiten Abschnitte - die Darstellung der Drei-S-Methode - durchgehen. Sie können die Form wählen, die Ihnen am besten zusagt. Sie haben also die Möglichkeit, zunächst jeweils die Methoden in sich geschlossen aufzunehmen und sich dann mit den Querverbindungen zu befassen. Oder aber Sie entscheiden sich zunächst für die Gesamtdarstellung und konzentrieren sich später, wenn Sie zu den Übungen übergehen, noch einmal auf die Darstellung der einzelnen Wege.

Mit gesteigerter Klarheit unseres Bewußtseins und der Aktivierung der Kräfte unseres Unbewußten gewinnen wir zwei Schlüssel zu dem uns zur Verfügung stehenden - häufig nicht voll genutzten - Potential, um erfolgreich das zu verwirklichen, was uns wichtig ist. Beide Zugänge - die sich sinnvoll ergänzen können - werden dargestellt in ihren einzelnen Schritten und Segmenten. Neben dieser Methodik ist es Anliegen dieses Buches und seiner Autoren, die Leserinnen und Leser anzuregen, aus den Grundprinzipien und gemäß dem eigenen Standort den individuell angemessenen konkreten Weg zu verwirklichen.

Beim Üben und beim Gehen dieses Weges werden sich Ihnen Möglichkeiten auftun, die Ihnen zuvor wahrscheinlich als unrealistisch, möglicherweise sogar als Wunder erschienen. Im Gebet geht es ja darum, kleine Wunder zu erbitten, d. h. Ergebnisse, die über das hinausgehen, was wir uns mit unseren Kräften allein zutrauen. Das "Wunder" besteht hier im harmonischen Zusammenwirken unseres Bewußten und unseres Unbewußten mit ihren unterschiedlichen Fähigkeiten und Vorgehensweisen. Ausgerichtet auf ein gemeinsames Ziel bewirken sie weit mehr als eine Ebene für sich allein jemals erreichen könnte. Damit erschließen sich uns "wunderbare" Möglichkeiten.

Auf Ihrem Weg, sich des in Ihnen liegenden Potentials zunehmend bewußter zu werden und es konstruktiv zu nutzen, wünschen wir Ihnen viel Freude und besten Erfolg.

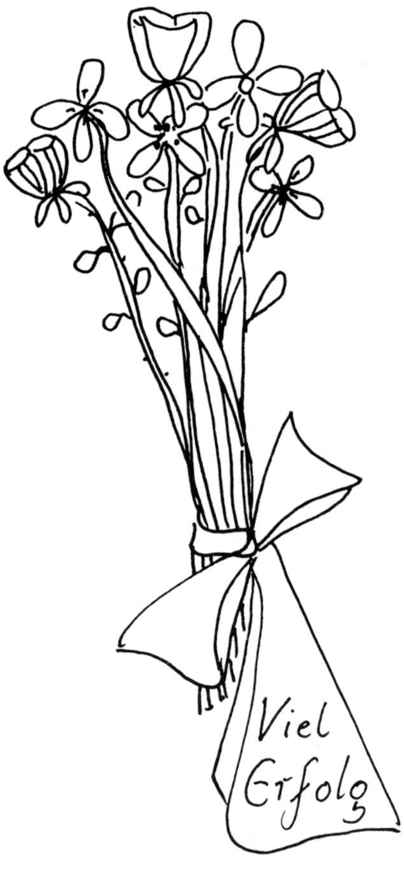

1.1 Unser Unbewußtes zum Freund gewinnen

Uns allen ist es wohl schon einmal passiert, daß uns ein Name nicht einfallen will, oder wir ein Buch, einen Schlüssel etc. verlegt haben. Je mehr wir nachdenken und uns anstrengen, umso weniger will uns einfallen, wo sich der gesuchte Gegenstand befindet. Und dann, wenn wir uns mit etwas ganz anderem beschäftigen, kommt plötzlich die Erinnerung; der Name fällt uns wieder ein oder wir gehen wie zufällig an die richtige Stelle und finden den gesuchten Gegenstand. Dies macht uns deutlich: Wir haben ein Wissen, das uns nicht immer bewußt ist. Oder anders ausgedrückt: **Wir haben ein bewußtes und ein unbewußtes Wissen.**

Eine Vielzahl für uns lebenswichtiger Funktionen wird im Unbewußten gesteuert. Einige, z.B. die Notwendigkeit des Ein- und Ausatmens, werden uns allenfalls in Ausnahmesituationen bewußt. Unser Unbewußtes arbeitet aber zuverlässig - gleichgültig, ob wir im Wachzustand sind, träumen oder schlafen. Hier können wir die unermeßliche Leistungsfähigkeit des Unbewußten erahnen.

Viele Fähigkeiten haben wir zunächst bewußt erlernt, um sie nun weitestgehend unbewußt auszuführen. Denken wir nur an das Auto- oder das Radfahren. Wie bewußt mußten wir am Anfang an die einzelnen Schritte denken, und wie verwirrend war es oftmals für unser Bewußtsein, zuverlässig und schnell zu reagieren! Der geübte Fahrer hingegen konzentriert sich überwiegend nur noch auf sein Fahrziel und die übrigen Verkehrsteilnehmer, alles andere geschieht mehr oder weniger unbewußt, "wie im Schlaf". Dies ist gut so, denn es entlastet unser Bewußtsein, das sonst gar nicht alles gleichzeitig erledigen könnte.

Andererseits können hieraus auch unliebsame Folgen

entstehen. Beobachtungen zeigen, daß z.B. bei einer Änderung der Vorfahrtsregel diejenigen, die regelmäßig die Strecke befahren, die Neuregelung am meisten mißachten und damit die höchste Unfallgefahr darstellen. Unser Bewußtsein hat sich daran gewöhnt, an andere Dinge zu denken und vieles dem Unbewußten zu überlassen. So veranlaßt das Unbewußte weiterhin dasjenige Fahrverhalten, das es einmal gelernt hat. Es wäre jedoch besser, wenn unser Bewußtsein und unser Unbewußtes so gut zusammenspielten, daß uns die Notwendigkeit rechtzeitig bewußt wird. Im beschriebenen Fall ist oftmals ein "Beinahe-Unfall" der Auslöser, das Umlernen einzuleiten; manchmal wird aber stattdessen die Verantwortung bei anderen Verkehrsteilnehmern gesucht.

Vieles haben wir in unserer Kindheit gelernt und übernommen, ohne daß es uns heute noch bewußt ist. Und möglicherweise haben sich die Umstände und Situationen, unter denen das Gelernte sinnvoll und hilfreich war, verändert. (Hiermit befaßt sich im Rahmen der Drei-S-Methode auch der Abschnitt 3.2., wo unsere Wertsysteme, Normen und Programme behandelt werden.)

Wir können unser Wachbewußtsein vergleichen mit einem PC, der an einem Großrechner angeschlossen ist. Wenn wir die entsprechenden Übertragungsprozeduren beherrschen, so können wir uns aus dem externen Speicher des Großrechners gezielt Informationen abrufen oder ihm unsererseits Nachrichten - Ziele - melden. Das bewußtere Zusammenspiel zwischen Wachbewußtsein und Unbewußtem **zum zielorientierten Einsatz der mentalen Energie** - privat und im Beruf - ist Gegenstand dieses Trainingsleitfadens.

Wir wollen uns jetzt dem zuwenden, was Mitte der 20er Jahre bei der Untersuchung der Hirntätigkeit entdeckt wurde. Ähnlich wie unser Herzschlag vibriert auch unser Gehirn, und zwar mit unterschiedlichen Zyklen pro Sekunde. Diese elektrischen Hirnströme können mit Hilfe eines **Elektroenzephalographen** (EEG) gemessen werden. Dabei zeigt das Gehirn eine dauernde, wohlgeordnete, rhythmische Eigentätigkeit mit verschiedenen Wellenformen im Wach- und Schlafzustand. Im einzelnen unterscheiden wir vier Bereiche:

	Zyklen/Sek.
Beta - Wellen	14 - 40
Alpha - Wellen	8 - 13
Theta - Wellen	3,5 - 7
Delta - Wellen	unter 3

Ein guter Mittelwert im Beta-Bereich liegt bei etwa 20, Werte erheblich darüber treten auf bei Erregung oder in Streß-Situationen, in denen uns dann oftmals unser Gedächtnis und unsere Geistesgegenwart im Stich lassen. Ein guter Einstiegswert im Alpha-Bereich liegt bei etwa 10.

Die **Gehirn-Frequenzen** geben an, in welchem Zustand wir uns befinden:

Wach-Zustand - Beta-Schwingungen, **äußere** Bewußtseinsebene

Traum-Zustand - Alpha- und Theta-Schwingungen, **innere** Bewußtseinsebene

Tiefschlaf - Delta-Schwingungen.

Der Alpha-Bereich ist der Bereich der Entspannung und des Traumes. In ihm können wir unsere Kreativität besonders nutzen, Informationen erhalten sowie Zielerreichung und "traumhafte" Ergebnisse vorbereiten. Bei Kindern sind die Hirnwellen langsamer als bei Erwachsenen. Kinder befinden sich zunächst oft im Delta-, später im Alpha-Bereich. Hier lernen sie leichter und sind sehr kreativ und phantasievoll. Viele der Schlußfolgerungen und Grundeinstellungen entstehen aus Kindheitserlebnissen und beeinflussen noch im Erwachsenenalter unbewußt das Verhalten.

Durch geistige Konzentration im Wachbewußtsein werden die Alpha-Wellen blockiert und durch Beta-Wellen ersetzt. Die meisten Erwachsenen sind nicht mehr in der Lage, bewußt die Alpha-Ebene zu erreichen. Verlangsamen sich die Gehirnwellen, so schlafen sie ein.

Abgesicherte, bewährte Methoden ermöglichen es uns heute, auch als Erwachsene mit vollem Bewußtsein die Alpha-Grundebene und die Theta-Ebene zu erreichen, mit diesen Kontakt zu gewinnen und zielgerichtet tätig zu werden. In der bewußten Meditation wird es uns mög-lich, **mehr von unserem geistigen Potential zielorientiert zu nutzen,** z.B. für:

\# Entspannung und mühelosen Streßabbau,
\# Ausgeglichenheit und Gelassenheit,
\# positive Beeinflussung körperlicher, geistiger und seelischer Vorgänge,
\# bessere Konzentration,
\# höhere Leistungsfähigkeit des Gedächtnisses,
\# gesteigerte Kommunikations- und Kontaktfähigkeit,
\# erhöhte Kreativität,
\# Steigerung der mentalen Energie,
\# bewußte Nutzung der ganzheitlichen Kräfte für die Ziele, die uns wichtig sind.

Unser Unbewußtes ist ständig bemüht, uns zu helfen, auf seine Art und entsprechend dem, was es über unsere Absichten weiß. Gewinnen und behandeln wir unser Unbewußtes als Freund. Geben wir die Saat unseres Bewußtseins in den Nährboden des Unbewußten. Achten wir darauf, daß es kein Unkraut, sondern gute Gedanken sind.

Die jeweils ersten Abschnitte der nachfolgenden Kapitel behandeln das Training, wie wir auf unsere innere Bewußtseinsebene gelangen und dort mit Bewußtheit wirken können. Dabei sind jeweils entsprechende Übungsanleitungen angegeben.

1.2 Von der Reaktion zur Selbststeuerung: Das Modell der "Drei-S-Methode"

In der zwischenmenschlichen Begegnung können wir beobachten, wie Gesprächsbeiträge oder sonstiges Verhalten einer Person ausgelöst wird durch die Aussagen oder das Tun anderer. In der Kommunikation ist die Aussage des einen Stimulus für die Erwiderung des Gesprächspartners, die wiederum ihrerseits den weiteren Gesprächsablauf beeinflußt. Wir können uns sicherlich gut folgende Szene vorstellen:

Am Ende der Frühstückspause kommt der Chef in die Kantine und bemerkt in der Ecke an einem Tisch einige seiner Mitarbeiterinnen und Mitarbeiter, die sehr angeregt über ein neues Projekt des Unternehmens diskutieren. Er geht an dem Tisch vorbei und sagt: "Guten Morgen. Wie ich sehe, sind Sie ja auch in der Pause noch sehr engagiert. Ich wünsche noch einen schönen Tag und frohes Schaffen." Er geht weiter. Die Reaktion kann nun sehr unterschiedlich sein. Einer sagt verwirrt: "Macht der sich jetzt über uns lustig?" Eine Mitarbeiterin meint: " Der ist aber freundlich, offenbar ist der heute gut gelaunt." Ein anderer meint möglicherweise: "Haben wir die Pausenzeit schon überzogen?" oder "Unverschämt, uns so im Vor-beigehen anzureden!" oder "Er hätte sich auch unsere Meinung zu dem Thema anhören können." Die Reaktionen können also sehr unterschiedlich sein. Auf eine Aussage oder ein Verhalten gibt es eine Vielzahl von Erwiderungsmöglichkeiten. Vielfach käme aber z.B. demjenigen, der das Ansprechen des Chefs als unverschämt empfand, nie in den Sinn, ihn für freundlich zu halten oder entsprechend umgekehrt. D.h., das Verhalten eines anderen löst eine Reaktion in uns aus, die jedoch entscheidend mitgeprägt wird durch die Art, wie wir sie aufnehmen und in uns "verarbeiten".

Die wechselseitigen Aussagen und Erwiderungen sind der **"äußere Dialog".** wie auch von Außenstehenden beobachtet werden kann. Durch unsere Sinnesorgane nehmen wir unseren Partner, die Situation und sein Verhalten wahr; durch unser Handeln wirken wir auf unsere Umwelt ein. Im Modell der **"Drei-S-Methode"**, dem **S**elbst-**S**teuerungs-**S**ystem, das auf der nachfolgenden Seite als Schaubild dargestellt ist, wird dieser äußere Dialog in den beiden oberen Segmenten 1 (Sinnes-Wahrnehmung) und 6 (Handlungen) repräsentiert.

Daneben kennen wir den **"inneren Dialog".** Er ist im Schaubild der Drei-S-Methode durch die vier Segmente 2 bis 5 repräsentiert. Er bleibt vielfach nicht nur Außenstehenden verschlossen, sondern auch außerhalb der Bewußtheit des Betreffenden. Wir reagieren dann auf unsere Umwelt, ohne unser Verhalten bewußt zu steuern.

Wir können von einem **Reiz-Reaktions-Schema** sprechen, wenn eine von uns wahrgenommene Begebenheit - z.B. die Aussage oder das Verhalten eines anderen - bei uns bestimmte Denkmuster, Programme und Gefühle auslöst, die dann unser Verhalten bestimmen, ohne uns ausreichend bewußt zu werden. In diesem Fall ist eine Selbststeuerung unseres Handelns in bezug auf die Gegebenheit, unseren Partner mit seiner Verfassung und seinen Absichten sowie unseren Zielen nicht möglich. Die Drei-S-Methode unterstützt uns auf dem Weg von der reinen Reaktion zur Selbststeuerung und zum konstruktiven, zielorientierten Handeln.

Vielleicht spüren wir noch unsere Gefühle und glauben gelegentlich, bereits authentisch zu sein, wenn wir diesen die Steuerung unseres Handelns überlassen: "Ich mußte so reagieren, weil Du mich geärgert hast, Du mich enttäuscht hast, etc..." In unserem Eingangsbeispiel sind die Reaktionen auf die Ansprache des Chefs sicherlich geprägt von unterschiedlichen Gefühlen. Dies macht uns bereits deut-

Selbst-Steuerungs-System

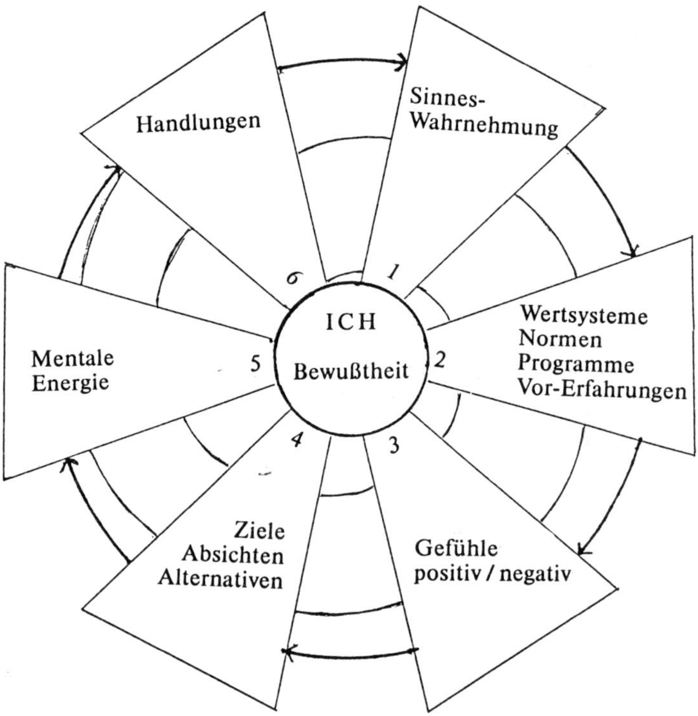

Die „Drei-S-Methode"

lich, daß unsere Gefühle nicht eine zwangsläufige Folge dessen sind, was ein anderer sagt oder getan hat, sondern wesentlich mitgeprägt werden von unserem inneren Modell (Segment 2) mit seinen Wertsystemen, Erwartungen, Programmen, Vorurteilen, Normen und Vor-Erfahrungen. Unsere Gefühle werden also nicht einfach von anderen ausgelöst, sondern wir haben in erheblichem Maße Anteil daran und können insofern auch Verantwortung übernehmen, als wir uns dieses eigenen Anteils - unseres inneren Modells, unserer Gedanken - bewußt werden. Wir verbleiben jedoch in der Reaktion, wenn wir in unserem Verhalten entweder den Gefühlen die Steuerung übergeben oder sie unterdrücken und dann im Unbewußten wirken lassen. Im System der Selbststeuerung nehmen wir die Gefühle bewußt wahr, um so zu mehr Erkenntnissen über uns selbst und die Bedeutung des Wahrgenommenen zu gelangen; wir können unsere Verantwortung und Beeinflussungsmöglichkeiten wahrnehmen, indem wir uns vor unserem Handeln in eine konstruktive Stimmung einschwingen.

Insoweit kommt dem Segment 3 - Gefühle - in der Drei-S-Methode eine erhebliche Bedeutung zu. Außerdem läßt sich hier bereits recht gut erkennen, daß die einzelnen Segmente des Modells nicht isoliert betrachtet werden können, sondern in wechselseitiger Beziehung zueinander stehen. Zum einen werden unsere Gefühle mitbeeinflußt durch das, was wir über unsere Sinne (1), unser Weltbild (2) und unsere mentale Verfassung (5) wahrnehmen. Zum anderen beeinflußt unsere Gefühlslage nicht nur unsere Handlungen (6), sondern auch unsere Wahrnehmung (1) den Zugang zu unseren Fähigkeiten und den in uns vorhandenen Ressourcen an Kreativität sowie Energie, und zwar durch Aktivierung unserer mentalen Energie (5), und den Zugang zu den Erfahrungen (2) mit dem entsprechenden Wissen. Sind wir frohgestimmt, nehmen wir die Welt freundlicher wahr und beachten mehr die schönen Seiten; sind wir trübsinnig oder besorgt, erscheint uns die Umwelt eher trist und unzulänglich.

Und je trüber wir die Welt wahrnehmen, desto mehr wirkt dies als Bestätigung und verstärkt unsere entsprechende Stimmungslage. Gefühle und Wahrnehmungen bedingen sich also gegenseitig.

Die 6 Segmente des Selbst-Steuerungs-Systems sind Teile eines Ganzen. Sie sind untereinander vernetzt und beeinflussen sich wechselseitig. Die Darstellung des Modells ist hat die Form eines Rades, dessen Elementen wir bei der Behandlung der einzelnen Segmente in den jeweils zweiten Abschnitten der nachfolgenden Kapitel folgen werden. Alle Segmente wurzeln im "Ich". Mit zunehmender Bewußtheit wird es uns möglich, im inneren Dialog die Wechselbeziehungen zu erkennen. So können wir denen, die uns in unseren Fähigkeiten einengen, entgegensteuern und die konstruktiven aktivieren.

Über unsere Erfahrungen haben wir Zugriff auf das, was wir in der **Vergangenheit** gelernt haben. Unsere Ziele orientieren sich an der **Zukunft**, an dem, was sein soll, unserer Gegenwart von morgen. Unsere Sinneswahrnehmungen und unser Handeln sind der Bezug zur **Gegenwart.** Handeln, zum Partner Kontakt aufnehmen oder auf die Umwelt einwirken können wir nur in der Gegenwart. Soll unser Handeln wirkungsvoll sein, muß es sich auch an den gegenwärtigen Gegebenheiten orientieren. Dies klingt wahrscheinlich sehr selbstverständlich. Aber wie schnell kommt es vor, daß bei den ersten Wahrnehmungen Erinnerungen an Bekanntes in uns wachgerufen werden und wir dann mehr auf die Vorstellung aus der Vergangenheit reagieren als auf die jetzige Situation. Genaues Hinsehen, Hinhören oder Nachfragen erleichtert uns, in der Gegenwart zu bleiben.

Es sind keineswegs immer großen oder weit zurückliegende Ereignisse, die uns daran hindern, mit unserem Bewußtsein in der Gegenwart zu sein. Oftmals beginnen wir ein Gespräch mit jemandem und sind gedanklich, vor allem auch emotional, noch bei der vorangegangenen Diskussion oder dem gerade beendeten Telefonat; dies ist insbesondere der Fall, wenn es Streit oder Auseinandersetzungen gegeben hat. Dann ist es besonders wichtig, darauf zu achten, daß der noch "aufgestaute" Ärger nicht das neubegonnene Gespräch beeinflußt. Entsprechendes gilt, wenn wir bereits gedanklich bei einer vor uns liegenden Besprechung sind, die uns Sorgen bereitet oder z.B. durch vorher zu führende Besprechungen oder Telefonate geistig beansprucht. Bei wichtigen Verhandlungen kann es darum sinnvoll sein, weder für vorher noch für nachher Termine einzuplanen, die uns ablenken, mit unserem Bewußtsein genügend in der Gegenwart zu bleiben.

Durch unser **Verhalten** nehmen wir Einfluß auf unsere Umwelt und auf das Verhalten anderer, z.B. auch uns gegenüber. Ob wir engagiert sind oder zurückgezogen, ob wir uns aktiv oder passiv verhalten, wir können uns nicht nicht verhalten. Dabei gilt, daß unser Verhalten geprägt wird durch unsere Persönlichkeit und unsere Umwelt bzw. das, was wir als unsere Umwelt wahrnehmen. Auf eine Formel gebracht wird dies gerne ausgedrückt in dem Satz "Unser Verhalten ist eine Funktion unserer Persönlichkeit, unserer Umwelt und ggf. weiterer Faktoren":

$$V = f\ (P,\ U,\ ....)$$

Hieraus folgt zum einen, daß wir unser Verhalten beeinflussen können, indem wir uns selbst erkennen und unsere Persönlichkeit bewußt entwickeln. Zum anderen wird unser Verhalten am ehesten der Wirklichkeit gerecht - also am wirksamsten sein -, je genauer und realistischer wir unsere Umwelt, unseren Partner in seiner Verfassung und mit seinen Zielen sowie das Umfeld und die gegebene Situation wahrnehmen.

Das Verhalten anderer können wir nicht direkt beeinflussen, auch wenn dies immer wieder versucht wird. Durch entsprechendes Verhalten unsererseits können wir jedoch die Umwelt für unseren Partner so verändern, daß sich dann in der Funktion auch demgemäß sein Verhalten verändert.

Im **äußeren Dialog** bedeutet dies, wenn wir bestimmte Ergebnisse erzielen wollen: Wir müssen unser Handeln so ausrichten, daß es effektiv ist, um für unseren Partner die Umwelt so zu beeinflussen, daß die von uns angestrebte Resonanz erfolgt. Darüber, inwieweit uns dies gelungen ist, gibt uns wiederum unsere Wahrnehmung Rückmeldung. Ist die Resonanz für uns nicht befriedigend, so bleibt uns sinnvollerweise nur, unser Verhalten so zu variieren, daß wir zu besseren Ergebnissen gelangen. Je mehr Handlungsalternativen (Segment 4) uns zur Verfügung stehen, umso größer sind unsere Möglichkeiten und damit verbunden die Erfolgsaussichten. Die Drei-S-Methode unterstützt uns, im System der wechselseitigen Beeinflussungen selbst die Steuerung im äußeren Dialog erfolgreich zu übernehmen. Erfolgreich in diesem Sinne heißt, daß wir möglichst weitgehend unsere Ziele erreichen, und zwar in einer Art und Weise, die von unseren Partnern und uns akzeptiert werden kann.

Wir selbst übernehmen die Steuerung unseres Verhaltens und damit eine bewußte Verantwortung für unser Handeln in dem Maße, wie wir uns unserer selektiven Wahrnehmung und der uns bestimmenden Wertsysteme, Normen, Denkmuster und Programme bewußt werden. Insoweit gilt seit alters her die Forderung: Erkenne Dich selbst!

Hierin unterstützt uns die Drei-S-Methode im **inneren Dialog**, so daß wir zu mehr Bewußtheit gelangen über unsere Gefühle, die wahrgenommene Situation und unsere Vorstellungen; so können wir Handlungsalternativen entwickeln, die im Einklang mit unserer Persönlichkeit stehen und an unseren Zielen orientiert sind. Je klarer und bewußter wir in uns sind, umso eindeutiger können wir nach außen handeln. Wie innen, so außen. Je mehr Handlungsalternativen uns zur Zielerreichung bewußt werden, umso mehr gewinnen wir an Handlungsfreiheit. Wir sind also weniger dem Zwang ausgesetzt, mit einer einzigen Verhaltensmöglichkeit erfolgreich zu sein, vor allem wenn sich zeigt, daß diese in der gegebenen Situation und in bezug auf unseren Partner nicht mehr geeignet ist. Hier unterstützt uns das Selbst-Steuerungs-System, mehr Zugang zu finden zu unseren Fähigkeiten sowie unseren Ressourcen an Energie und Kreativität durch zunehmende Bewußtheit unserer und Aktivierung unserer mentalen Energie. Die bewußte Meditation kann hier unterstützend wirken.

Die Drei-S-Methode verhilft uns also zu mehr Klarheit im äußeren und im inneren Dialog sowie in deren Zusammenwirken. Sie führt uns damit von der bloßen Reaktion zur Selbststeuerung im System der wechselseitigen Beeinflussungen. Dies können wir nutzen in der Kommunikation und im täglichen Verhalten wie auch bei der Entwicklung uns gemäßer Strategien bis hin zur Lebensplanung.

Ein kleines Beispiel soll die sich so ergebenden Erfolgsmöglichkeiten veranschaulichen: Der Inhaber eines mittelständischen Unternehmens war recht stolz auf ein in seinem Hause entwickeltes Gerät mit guten Leistungswerten und einer Bedienung, die einfacher war und von dem bisher Üblichen abwich. Der Vertrieb erfolgte über ein Netz von Einzelhändlern. Nach einiger Zeit beauftragte er ein Marktforschungsinstitut, die Wirksamkeit des Händlernetzes zu überprüfen, z.B. durch Testkäufe in den einzelnen Geschäften. Danach wurde ihm von einem recht bedeutenden Händler in einer Großstadt berichtet, daß die an sich nicht schlechten Umsätze noch wesentlich gesteigert werden könnten, wenn die Verkäufer dieses Händlers sein Produkt besser plazierten und bei den

Beratungs- und Verkaufsgesprächen nicht bevorzugt andere Fabrikate demonstrieren würden. Der Unternehmer war hierüber sehr verärgert und fühlte sich und sein Lieblingsprodukt geradezu diskriminiert. Aus seinem Ärger heraus schaltete er in dieser betreffenden Stadt eine Anzeigenserie, in der er u.a. darauf hinwies, daß Kunden, die vor Ort keine genügende Beratung erfahren würden, sich auch direkt an sein Unternehmen wenden könnten. Die Reaktion kam prompt - nicht so sehr von den Endabnehmern, sondern durch den Händler, der die Zusammenarbeit aufkündigte. Dadurch erlitt der Unternehmer eine deutliche Umsatzeinbuße und war nun bereit, in einem ähnlich gelagerten Falle bewußter mit der Situation umzugehen und zu handeln.

Dieses Beispiel mag alltäglich klingen. Doch wie oft geschieht es privat und im Berufsleben, daß die Reaktion Vorrang erhält vor dem bewußten Umgang mit einer Situation.

Ohne auf die einzelnen Vernetzungen einzugehen und den weiteren Darstellungen in den folgenden Kapiteln zu sehr vorzugreifen, ergibt sich für den erneuten Fall im Modell der Drei-S-Methode folgende Abwicklung: Über den Bericht des Marktforschungsinstitutes nimmt der Unternehmer wahr (1), daß Präsentation und Beratung seines Gerätes bei dem Händler mangelhaft sind. Seine Erwartungen (2) waren größer, und er ist enttäuscht und verärgert. Er nimmt nun dieses Gefühl (3) bewußt wahr, ohne direkt dadurch ausgelöst ein Programm (2) "so nicht mit mir" in die Handlung umzusetzen, also wie beim ersten Mal eine Anzeige zu schalten. Ihm wird nun bewußt, daß seine Enttäuschung und sein Ärger weniger auf die Höhe des Umsatzes gerichtet waren als auf das fehlende Engagement der Händler oder, so wie er es verstand, der Mißachtung seines Produkts. In dem Maße, wie er seine Ausgeglichenheit zurückfand, konnte er sich der Betrachtung der Ziele und Alternativen (4) zuwenden.

Ihm wurde deutlich, daß es wirtschaftlich gesehen nicht seine Absicht sein konnte, seinen Vertrieb so auszubauen, daß er künftig seine Umsätze nicht über Händler, sondern im Direktverkauf tätigen würde. Zudem wurde ihm nun bewußt, daß die Mängel beim Händler in Präsentation und Beratung gleichzeitig die Chance beinhalteten, durch Verbesserungen den Umsatz zu erhöhen. Sein Ziel war nun nicht mehr Konfrontation mit dem Händler, sondern verstärkte Zusammenarbeit. Der Zugang zu seiner mentalen Energie (5) erleichterte es ihm, die konstruktive Ergänzung zwischen seinen Zielen und der Unterstützung der Händler zu sehen. Seine ersten Handlungen (6) bestanden jetzt darin, mit seinem Händler über das Thema zu sprechen. Dabei stellte sich heraus, daß die Bedienung seines Gerätes zwar wesentlich einfacher war, aber die Verkäufer sich nicht in der Handhabung sicher fühlten. Ehe sie sich blamierten, wichen sie lieber auf ein ihnen von früher bekanntes Produkt aus. Nun war es ein schneller Schritt, die Unterweisung der Verkäufer zu intensivieren und zur besseren Präsentation Unterstützungsmaterial zu entwickeln, das gleichzeitig die einfache Bedienung demonstrierte, so daß sich vielfach der Endverbraucher informieren konnte, ohne die Verkäufer fragen zu müssen.

Die zunehmende Bewußtheit in den einzelnen Segmenten und ihre Vernetzungen sollen dazu beitragen, die positiv wirkenden wechselseitigen Beeinflussungen zu aktivieren, um sie im Sinne einer größeren Zielklarheit und Zielerreichung zu nutzen. Die Konzentration von Lichtstrahlen in einem Brennglas - oder gar als Laserstrahl - ermöglicht eine zunächst ungeahnte Wirksamkeit. Vergleichbar damit ist die zielklare Ausrichtung der in den einzelnen Segmenten zunächst unbewußt wirkenden Energien aufeinander.

Die Selbst-Steuerung im System der wechselseitigen Vernetzung zu fördern, ist Ziel der Drei-S-Methode. Die zunehmende Bewußtheit soll uns darin unterstützen, daß nicht gegeneinander wirkende Kräfte sich wechselseitig behindern - z.B., indem sie gleichzeitig unterschiedliche Ziele verfolgen - und damit unsere Persönlichkeitsentwicklung und die Wirksamkeit unserer Handlungen hemmen. Vielmehr wird sie sich wechselseitig positiv unterstützende Verbindungen positiv aktivieren. Die führt dazu, daß wir mentale Energie entwickeln, die uns in Übereinstimmung bringt mit unseren Zielen, Wertsystemen und unserer inneren Verfassung sowie mit den äußeren realen Gegebenheiten der sachlichen Situation und der persönlichen Verfassung unserer Partner mit ihrer jeweiligen Struktur und ihren Zielen.

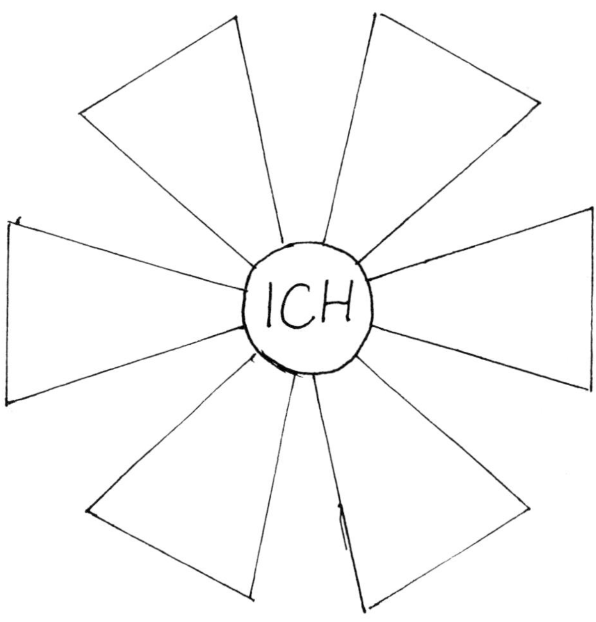

1.3 Am Anfang war der Geist

In Indien erzählt man sich folgende Geschichte: In seiner Allmacht erschuf Gott die Welt aus sich selbst heraus, um damit spielen zu können. Ihm war alleine langweilig geworden. Die ersten Wesen, die er schuf, kehrten jedoch sehr schnell von der Erde zurück in den Himmel zu Gott, da es ihnen hier besser gefiel. Dies war für Gott nicht so unterhaltend, und er überlegte, daß er den Himmel abschließen und den Schlüssel verstecken wollte. Was war nun aber ein gutes Versteck? Vielleicht der höchste Gipfel der Berge oder der Mond oder ein anderes der Gestirne? Gott schaute in die Zukunft und sah voraus, daß der Mensch all dies erforschen und ergründen würde. Dann wurde ihm auf einmal klar, wo der Mensch ihn und den Himmelsschlüssel am wenigsten suchen würde: Lieber würde der Mensch alle Strapazen auf sich nehmen, um die entferntesten Winkel zu erforschen, als daß er den kleinen Weg in sich selbst hineinginge, um sein eigenes inneres Sein zu ergründen. Seit dieser Zeit hat Gott ein himmlisches Vergnügen, die Menschen zu beobachten, wie sie nach Zufriedenheit, wahrem Erfolg und Glück suchen.

Die Lehre der Erzählung ist, daß der Schlüssel zu allem, was wir ersehnen, in uns liegt, in unserer geistigen Haltung. Das, was wir draußen suchen, können wir durch den Weg in uns finden.

Im Abschnitt 1.1 über die bewußte Meditation haben wir im Zusammenhang mit der äußeren und inneren Bewußtseinsebene, dem Wach- und dem Traumzustand von den 4 Arten von Gehirnströmen gesprochen - den Beta-, Alpha-, Theta- und Delta-Wellen. Interessant erscheint, daß in alten indischen Überlieferungen auch von vergleichbaren Bewußtseinsstufen gesprochen wird beim "Weg des Selbst zum Bewußtsein seines Selbst":

1.	Wachsein	**nach außen gerichtete Sinneswahrnehmung** Handeln und Reaktion abhängig vom Raum und Zeit (Handeln in der Gegenwart)
2.	Traum	**nach innen gerichtete Wahrnehmung** Gedanken unabhängig von Raum und Zeit
3.	Tiefenschlaf	**Höhere Intelligenz** Aktivität kommt zum Stillstand, verbleibt aber noch im Dualismus
4.	Jenseitiger Zustand	**Höchstes Bewußtsein** das Absolute, das universelle Eine

Der Sinn der östlichen Meditation ist es, frei zu werden von Einflüssen der Sinnesorgane sowie frei von Bindungen und Streben nach vergänglichen Gütern. Wir wollen dieses Thema hier nicht vertiefen, es soll lediglich darauf hingewiesen werden, daß es Parallelen zwischen der östlichen und der bewußten Meditation gibt, wenn auch beide unterschiedliche Motive haben und verschiedene Wege einschlagen. Bei der bewußten Meditation gehen wir nicht auf die innere Bewußtseinsebene, um uns immer weiter von der äußeren zu entfernen, sondern stellen mit Bewußtheit eine Verbindung zwischen beiden Ebenen her, um auch in der äußeren Welt unsere Ziele zu verwirklichen. In der äußeren materiellen Welt können sich Dinge und unsere Vorstellungen nur schrittweise entsprechend den Gesetzen der Natur realisieren. Im Geist können wir unabhängig von den Entwicklungsphasen in Raum und Zeit uns bereits den gesamten Vorgang vorstellen.

Die meisten Philosophien und Religionen gehen davon aus, daß am Anfang die Idee steht, der Gedanke, der Geist, Gott oder wie immer es bezeichnet wird. "Am Anfang war das Wort".

Hieraus können wir für uns folgern, daß wir mit unseren Gedanken auf der geistigen Ebene bestimmen, was sich für uns in der Realität verwirklicht. Je konstruktiver unsere Gedanken und Worte im Sinne unserer Ziele sind, umso positiver unterstützen sie die ihnen folgende Gestaltung, den Erfolg, unsere Zielerreichung. Die bewußte Meditation und die Drei-S-Methode fördern diese Bewußtheit - erstere durch die geistige Vorwegnahme auf der inneren Bewußtseinsebene, letztere, indem vor dem Handeln im äußeren Dialog die gedankliche Klärung im inneren Dialog herbeigeführt wird.

Im Rahmen der Logik wird gerne die Frage gestellt: "Was war zuerst da, die Henne oder das Ei?" Die Henne kann es nicht sein, denn sie entwickelt sich erst aus dem Ei. Das Ei kann es aber auch nicht sein, denn es wird erst von der Henne gelegt. Da eines aus dem anderen folgt, sagt uns die Logik, die Lehre vom folgerichtigen Denken: Da keines von beiden sein kann, ohne daß zuerst das andere da war, können eigentlich beide nicht sein. Die Realität bestätigt jedoch eindeutig die Existenz von beiden. Wir erkennen hieraus die Grenzen unserer Logik, das wirklich Schöpferische nachzuvollziehen und zu erklären. Nach den Gesetzen von Raum und Zeit und in der materiellen Verwirklichung kann sich nur das eine aus dem anderen entwickeln.

Auf einer rein geistigen Ebene können wir uns jedoch beides gleichzeitig vorstellen, indem wir das Ei und die Henne nicht als zwei verschiedene Dinge betrachten, sondern als zu einer Idee zusammengehörig. Die Idee einer Henne - die ihre individuelle Vergänglichkeit dadurch überwindet, daß sie ein Ei legt, aus dem sich wieder eine Henne entwickeln kann - ermöglicht es uns, beides gleichzeitig und als zusammengehörig vorzustellen.

Viele Orientierungshilfen und Deutungen der Sinnhaftigkeit des Lebens basieren auf den Grundsätzen der hermetischen Philosophie, die in letzter Zeit offenbar zunehmend wiederentdeckt wird. Sie geht zurück auf Hermes Trismegistos - d.h. der "Dreimal große Hermes" -, der Priester und Eingeweihter im frühgeschichtlichen Ägypten war. Die Grundlage bilden die sieben hermetischen Prinzipien:

1. Das Prinzip der Geistigkeit,
2. das Prinzip der Entsprechung,
3. das Prinzip der Schwingung,
4. das Prinzip der Polarität,
5. das Prinzip des Rhythmus,
6. das Prinzip von Ursache und Wirkung,
7. das Prinzip des Geschlechts.

In den nachfolgenden Kapiteln werden die einzelnen Prinzipien im jeweiligen Zusammenhang näher behandelt.

Das **erste Prinzip der Geistigkeit** besagt:

"Das All ist Geist, das Universum ist geistig."

Dieses Prinzip bedeutet, daß das Universum, die reale Welt, die Materie, die Energie - oder wie immer wir die Erscheinungsformen nennen wollen, die durch unsere Sinne wahrnehmbar sind - eine äußerliche Manifestation darstellen, denen das All als die substantielle Realität zugrunde liegt. Dieses All ist Geist. Der Geist selbst ist unerkennbar, kann aber als das eigentlich Schöpferische verstanden und gedacht werden.

Wenn es wahr ist, daß die eigentliche Natur des Universums geistig ist, dann ist das Universum und das, was sich in der materiellen Welt realisiert, zuvor im Geist geschaffen. Daraus können wir folgern: Das, was sich in der materiellen Welt verwirklicht, beeinflussen wir in dem Maße, in dem wir unsere Fähigkeit steigern, die geistigen Bedingungen mitzugestalten.

Am Anfang war der Geist.

2.1 Der Weg zur inneren Bewußtseinsebene

Unsere innere Bewußtseinsebene ist, wie bereits in Abschnitt 1.1. behandelt, der Traumzustand, der Bereich, in dem wir uns in Alpha- und Theta-Schwingungen befinden. Der Alpha-Bereich ist derjenige der Entspannung. Wenn wir uns also auf die Alpha-Wellen "einschwingen", so gelangen wir auf die innere Bewußtseinsebene und in den Zustand der Entspannung. Dabei wollen wir jedoch über die Wirkung reiner Entspannungsübungen deutlich hinausgehen und mit Bewußtheit auf die innere Bewußtseinsebene einwirken, um geistige Fähigkeiten zu aktivieren, Probleme zu lösen, Ziele zu erreichen und eventuell uns steuernde, aber störende Programme zu korrigieren.

Als erstes müssen wir üben, die Alpha-Schwingungen der inneren Bewußtseinsebene zu erzeugen, ohne einzuschlafen, oder anders ausgedrückt: im Wachzustand zu bleiben und dennoch in Alpha- und Theta-Schwingungen zu gelangen.

Dies erreichen wir, indem wir unseren Geist genügend beschäftigen, so daß er nicht einschläft oder abschweift. Andererseits soll der Geist aber thematisch nicht so stark angeregt werden, daß er beginnt, selbständig aktiv zu werden, sondern die Gedanken sollen sich nach innen richten. Das Rückwärtszählen hat sich dafür als optimal erwiesen. Wir "installieren" hier den Weg zur inneren Bewußtseinsebene in 2 Phasen: Zunächst entspannen wir uns auf der äußeren Bewußtseinsebene und lösen uns von äußeren Ablenkungen; in der zweiten Phase stellen wir uns dann mit einem Abwärtszählen von 7 bis 1 auf die Alpha-Schwingungen und die innere Bewußtseinsebene ein.

Wenn wir die innere Bewußtseinsebene verlassen, so

geschieht dies umgekehrt bewußt durch "Hochzählen" von 1 bis 5 - wobei wir dann bei 5 wieder auf unserer äußeren Bewußtseinsebene, also im Bereich der Beta-Schwingungen, angelangt sind.

Bevor wir den Weg zur inneren Bewußtseinsebene gehen, machen wir uns im Wachbewußtsein klar, was wir dort "bearbeiten" wollen. Hierauf wird später noch näher eingegangen, ebenso wie auf die verschiedenen Möglichkeiten und "Techniken", die uns auf der inneren Bewußtseinsebene zur Verfügung stehen.

Die Systematik der Trainingsmethode ergibt sich danach wie folgt:

a) **Bestimmung des Themas** - Zielklarheit
Auswahl und Festlegung, welches Thema, Ziel oder Problem bearbeitet werden soll,

b) **Entspannung**
Loslösung von äußeren Ablenkungen, Konzentration und Hinwendung nach innen,

c) **Weg zur inneren Bewußtseinsebene**
Hinführung des Bewußtseins zur Alpha-Schwingung,

d) **Themenbearbeitung** auf der inneren Bewußtseinsebene
Tätigwerden mit Hilfe verschiedener "Techniken" zur Zielerreichung, Problemlösung, Kreativität, Informationserhalt etc.,

e) **Rückkehr aus der inneren Bewußtseinsebene**
Abschluß des Vorgangs und Rückkehr ins Hier und Jetzt.

Wird die bewußte Meditation am Abend im Bett durchgeführt und schlafen wir direkt nach Beendigung ein, so ist das Hochzählen nicht erforderlich, da wir beim

Aufwachen in ganz natürlicher Weise wieder aus der inneren in die Schwingungen der äußeren Bewußtseinsebene zurückkehren.

Bei unserer nun folgenden ersten Übung ist es unser Ziel (a), lediglich mit Wachbewußtsein auf die innere Bewußtseinsebene zu gelangen und dies dort zu erleben (d). Die Übung konzentriert sich also auf die Phasen a, b und die Rückkehr mit e.

Schritte zur Entspannung und zum Eintritt in die innere Bewußtseinsebene:

(Nachfolgend der Text, wie er im Seminar verwendet wird und wie Sie ihn sich für Ihre Übung selbst vorsagen können. Sie können sich auch den Text auf ein Tonband sprechen und zur Unterstützung ablaufen lassen; sprechen Sie dann bitte langsam mit für Sie hilfreichen Pausen.)

Ich werde ruhig, gelöst und entspannt.
Ich zähle jetzt langsam von 3 bis 1 und wiederhole jede Zahl jeweils dreimal hintereinander. Mein Körper, mein Geist und meine Seele werden völlig ruhig, gelöst und entspannt.
3 - 3 - 3
Mein Körper ist ruhig, gelöst und entspannt.
(Immer, wenn ich künftig in dieser Weise dreimal die 3 zähle, wird mein Körper ruhig, gelöst und entspannt. Es tut meiner Gesundheit gut, mein Körper wird wiederstandsfähiger.)
2 - 2 - 2
Mein Geist ist ruhig, gelöst und entspannt.
(Immer, wenn ich künftig in dieser Weise dreimal die 2 zähle, wird mein Geist ruhig, gelöst und entspannt.)
1 - 1 - 1
Meine Seele ist ruhig, gelöst und entspannt.
(Immer, wenn ich künftig in dieser Weise dreimal die 1 zähle, wird meine Seele ruhig, gelöst und

entspannt.)
Ich bin bei mir - ruhig, gelöst und entspannt - .
Ich bin ich - einzig in meiner Art.
Energie, Gesundheit und Kraft strömen in meinen Körper, in Geist und Seele.
Ich gehe jetzt in tiefere Schichten meines Unbewußtseins und werde den Alpha-Zustand erreichen.
Ich werde von 7 bis 1 zählen; bei "1" habe ich die Alpha-Ebene erreicht und befinde mich auf meiner inneren Bewußtseinsebene.
7 - 6 - 5 - 4
Ich gehe auf immer tiefere Ebenen meines Bewußtseins.
3 - 2 - 1
Ich bin auf meiner inneren Bewußtseinsebene.

Schritte zur Rückkehr aus der inneren Bewußtseinsebene:

Ich werde gleich < meinen Entspannungsort/mein Labor verlassen und > auf meine äußere Bewußtseinsebene zurückkehren. Ich werde dazu von 1 bis 5 zählen; bei "5" öffne ich die Augen, bin hellwach und munter und fühle mich besser und frischer als zuvor.
1 - 2 - 3
Bei "5" öffne ich die Augen, bin hellwach und munter und fühle mich besser und frischer als zuvor.
4 - 5
Jetzt öffne ich meine Augen: ich bin hellwach und munter. Ich fühle mich besser und frischer als zuvor.

Nach einiger Übung können die beim Weg in die innere Bewußtseinsebene in Klammern gesetzten Texte entfallen; sie sind dann bereits in unserem Unbewußten gespeichert. Nach weiterer Übung ist der Weg so sicher "installiert", daß wir eine noch schnellere Methode verwenden können, die in Abschnitt 7.1. bebehandelt wird. Wachbewußtsein und inneres Bewußtsein arbeiten dann bereits auf dem Weg zur inneren Bewußtseinsebene schon so harmonisch zusammen - ähnlich wie Pilot und Autopilot -, daß es reicht, im

Wachbewußtsein den Auslöser zu setzen. Immer dann, wenn wir eine längere Pause bei den Übungen eingelegt haben oder es uns vielleicht einmal schwerfällt, den schnellen Weg zu gehen, können wir zur ausführlicheren Methode zurückkehren.

Der bei den Schritten zur Rückkehr in Klammern gesetzte Text wird künftig verwendet, wenn wir auf unserer inneren Bewußtseinsebene noch in weiterer Weise tätig werden, z.B. auf unserem "persönlichen Entspannungsort", der im Abschnitt 3.1. behandelt wird.

Lassen Sie sich nicht entmutigen, wenn bei den ersten Übungen nicht gleich der volle Erfolg eintritt. Das Üben alleine zu Hause ist in aller Regel schwerer als in der Atmosphäre eines Seminars zusammen mit anderen Teilnehmern. Sollten Sie bei den ersten Malen auf Ihrem Weg zur inneren Bewußtseinsebene einschlafen, so nehmen Sie dies zumindest als den positiven Teilerfolg, daß es Ihnen gelungen ist, sich zu entspannen. **Beharrliches Üben** führt - bei dem einen etwas schneller, bei dem anderen etwas langsamer - **zum Erfolg.**

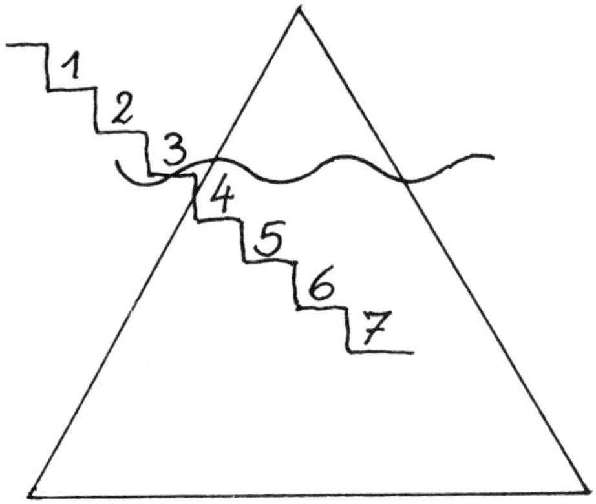

2.2 Sinnes-Wahrnehmung

Wie erfahren, erforschen wir unsere Umwelt, damit wir uns in ihr zurechtfinden, sie uns bewußt wird? Wie erkennen wir, was tat-sächlich wichtig ist, also Taten, Handlungen von uns erfordert? Während unser Bewußtsein Signale nur nacheinander verarbeiten kann, empfangen unsere Sinne zur gleichen Zeit ein Vielfaches an Signalen von der Außenwelt. Wir können also nicht unsere Umwelt vollständig wahrnehmen. Demzufolge muß eine Auswahl getroffen werden, welche Signale letztendlich unser Bewußtsein erreichen. Während Sie diese Zeilen lesen, werden Sie sich kaum darüber Gedanken gemacht haben, wie sich Ihr großer Zeh anfühlt; jetzt werden Sie sich eventuell dessen bewußt. Signale erreichen also z.B. dann unser Bewußtsein, wenn wir ihnen unsere Aufmerksamkeit schenken. Und ist diese Aufmerksamkeit besonders groß, so heißt es: "Er hat nur noch Augen für.....". Wenn wir bei einer Rede noch den Gedanken nachhängen, die ein Satz in uns ausgelöst hat, so werden wir die folgenden Worte nicht bewußt aufnehmen; unsere Aufmerksamkeit ist abgelenkt.

In unserem Gehirn werden also die unsere Sinnesorgane erreichenden Signale so gefiltert, daß nur ein winziger Bruchteil zu unserem Bewußtsein gelangt. Und diese kleine Zahl an Signalen muß unser Bewußtsein nehmen, um sich ein Bild der Wirklichkeit zu machen, auf die es reagieren will.

Vielleicht ist es Ihnen schon einmal aufgefallen: Wenn wir uns intensiv damit beschäftigen, ob wir demnächst einen bestimmten Wagentyp kaufen sollen, dann sehen, also nehmen wir ihn im Verkehr "wahr" - viel häufiger als bisher. Wenn wir beginnen, uns für ein Thema intensiver als zuvor zu interessieren, so werden wir häufiger Personen treffen, die sich auch genau mit diesem Thema beschäftigen. Da diese Informationen nunmehr für uns von größerer Bedeutung sind, werden sie auch nicht mehr herausgefiltert und selektiert, sondern erreichen als "wahrnehmungswürdig" unser Bewußtsein.

Auf der anderen Seite führt diese Konzentration unseres Interesses wiederum dazu, daß andere Informationen als nicht so bedeutsam aus unserer Wahrnehmung herausfallen. Ein kleines Experiment kann dies verdeutlichen:

Schauen Sie jetzt bitte einmal nicht auf Ihre Uhr, sondern versuchen Sie sich vorzustellen, wie das Ziffernblatt gestaltet ist. Sind alle 12 Stunden gekennzeichnet oder weniger; ist z.B. an Stelle der "3" eine Datumsanzeige angebracht? Wie erfolgt die Kennzeichnung, durch Punkte, Striche oder Ziffern? Falls Ziffern, in arabischen, römischen; ist die "12" besonders hervorgehoben?

Wenn Sie sich jetzt intensiv auf die Vorstellung des Ziffernblattes konzentriert haben, dann schauen Sie bitte einmal kurz auf die Uhr, um Ihre Vorstellung zu überprüfen. Jetzt schauen Sie bitte nicht mehr auf die Uhr! Vergleichen Sie das, was Sie gesehen haben, mit Ihrer ursprünglichen Vorstellung.

Haben Sie auch wahrgenommen, wie spät es ist? Vielfach zeigt dieses kleine Experiment: Wenn wir uns auf das Ziffernblatt konzentriert haben und die Information, wie spät es jetzt ist, für uns keine besondere Bedeutung hat, nehmen wir dann bei dem Blick auf die Uhr nicht wahr, wie spät es ist, obgleich wir üblicherweise gerade deshalb auf die Uhr schauen. Dies verdeutlicht uns: Das, was von uns im Moment als wichtig angesehen wird, erreicht eher unser Bewußtsein als jenes, was zur Zeit außerhalb unseres Interesses liegt. Setzen wir aber immer die richtigen "Gewichtungen"?

Würden alle Signale, die unsere verschiedenen Sinnesorgane erreichen, in unser Bewußtsein weitergeleitet, so wäre dies gar nicht mehr in der Lage, sie zu ordnen oder zu bearbeiten. Die Konzentration unterstützt uns, nur Signale einer bestimmten Art wahrzunehmen und Ablenkungen herauszufiltern.

Es wäre jedoch gut, die **Selektion unserer Wahrnehmung** zu korrigieren, wenn sie dazu führt, daß für uns wichtige und hilfreiche Informationen unser Bewußtsein nicht erreichen.

Zum einen kann es sein, daß wir generell zu einer bestimmten Wahrnehmungsweise neigen. Dann erreichen einige Signale unser Bewußtsein extrem häufig und andere gar nicht oder kaum. Hierdurch entsteht ein entsprechend geprägtes subjektives Weltbild, das wir jedoch mit unseren Sinnesorganen "für wahr genommen" haben. Diese Erfahrungen prägen dann unsere Erwartungen und unser Verhalten, worauf wir im Abschnitt 3.2 noch weiter eingehen werden.

Zum anderen kann es sein, daß bestimmte Situationen oder Anlässe eine bestimmte Selektion in uns auslösen, durch die bestimmte Dinge überdeutlich beachtet und andere Informationen so sehr ausgeblendet werden, daß eine für unser Bewußtsein und unsere Orientierung ungünstige Einengung unserer Wahrnehmung erfolgt.

Zur Wahrnehmung unserer Umwelt stehen uns die Sinnesorgane zur Verfügung, mit denen wir im Normalfall sehen, hören, fühlen, riechen und schmecken können. Dabei benutzen wir nicht alle Wahrnehmungsarten gleich intensiv und oft. Wir neigen dazu, ein bestimmtes Sinnessystem zu bevorzugen, d.h. vorwiegend entweder zu sehen oder zu hören oder zu spüren oder in besonders dafür geeigneten Situationen auch zu riechen und zu schmecken. Die meisten Menschen haben mehr oder weniger ausgeprägt eine primäre Wahrnehmungsart, also ein Sinnessystem, mit dem sie in verschiedenen Situationen überwiegend ihre Umwelt wahrnehmen. Dies kann von Person zu Person stark variieren. So kann z.B. die gleiche Szene eines Filmes von verschiedenen Betrachtern unterschiedlich geschildert werden: Dem einen fallen die schönen Bilder unddie phantastischen Farben auf, einem anderen vielleicht die aufwühlende dramatische Musik und dem nächsten das angespannte und gruselige Gefühl, das die Szene ihm vermittelte. Demjenigen, der sich ein visuelles Bild gemacht hat, wird sich an die Szene kaum erinnern, wenn der zweite fragt, ob er sich an die Stelle ensinnt, an der die dumpfen, unheilvollen Baßtöne zu hören waren. Wenn Menschen den Signalen eines bestimmten Sinnesorganes höhere Chancen bieten, ihr Bewußtsein zu erreichen - also ihr Filter hierfür durchlässiger ist - so wird auch ihr Modell der Wirklichkeit durch dementsprechende Sinnesinformationen beeinflußt und geprägt. Mit diesem Phänomen befaßt sich seit längerem die Lernpsychologie und in letzter Zeit insbesondere die **N**euro-**L**inguistische-**P**rogrammierung (NLP). Sie unterscheidet auch zwischen visuellen (sehen), auditiven (hören) und kinästhetischen (spüren, fühlen) Referenzsystemen und Typen.

Die Bewußtheit dieser Zusammenhänge ist zum einen von Bedeutung, um unsere eigene Selektion zu erkennen. Zum anderen hilft sie uns damit aber auch gleichzeitig zu verstehen, daß andere Menschen ebenfalls über ein entsprechendes Selektionssystem verfügen. Je mehr wir sie auf dem von ihnen bevorzugten Sinneskanal ansprechen, umso größer sind unsere Chancen, daß das, was wir mitteilen wollen, nicht herausgefiltert wird, sondern sie erreicht und die entsprechenden Vorstellungen hervorruft. Je mehr wir eine Situation mit Symbolen der verschiedenen Sinneswahrnehmungen beschreiben, umso größer ist unsere Chance, den anderen zu erreichen, falls wir nicht schon vorher das von ihm bevorzugte Wahrnehmungssystem erkannt haben. Kennen wir den primären Wahrnehmungskanal unseres Partners, so können wir ihn umso gezielter und wirkungsvoller ansprechen. NLP hat systematisiert, inwieweit auch die Sprache eines Menschen Rückschlüsse auf sein primäres Wahrnehmungssystem zuläßt. Z.B. offenbaren folgende Formulierungen deutlich die bevorzugte Wahrnehmungsart: "Das paßt ins Bild", "das sieht nicht gut aus", "jenes gibt einen Überblick" etc. (visuelles System); "das spricht mich an", "das klingt gut", "jenes hört sich nicht gut an" etc. (auditives System); "das paßt mir nicht", "das Problem bekommen wir in den Griff", "jenes habe ich in der Hand", "dies fühlt sich nicht gut an" etc. (kinästhetisches System) oder "das stinkt mir", "jenes bringt mich auf den Geschmack", "dies riecht gut", "das schmeckt bitter" etc. (olfaktorisches/gustatorisches System).

Je mehr wir unsere Wahrnehmung geschult haben, den vom Partner primär benutzten Sinneskanal zu erkennen, umso leichter können wir sicherstellen, daß wir z.B. mit unserer Wortwahl bei ihm die entsprechenden Vorstellungen hervorrufen, also von ihm richtig verstanden werden. Der Volksmund drückt dies so aus: "Die sind auf derselben Wellenlänge", "die haben einen gemeinsamen Draht" etc. Die Wahrnehmung kann uns also Rückmeldung geben, ob wir mit unserer Ansprache den richtigen Zugang gefunden haben oder unsere Formulierungen variieren müssen; im Abschnitt 7.2 über Handlungen kommen wir hierauf noch einmal zurück.

Um ein umfassenderes Bild der Wirklichkeit zu erhalten, ist es hilfreich, den bisher von uns "vernachlässigten" Sinneskanälen mehr Beachtung zu schenken, d.h. den dort ankommenden Signalen eine größere Chance zu geben, unseren Filter zu passieren und damit unser Bewußtsein zu erreichen, um unser Weltbild zu bereichern. Wir können unsere Beobachtungsgabe schulen, mehr und unterschiedlichere äußere Signale wahrzunehmen und zu berücksichtigen, bevor wir uns ein Gesamtbild machen. Eine solche Übung kann z.B. darin bestehen, sich den Gegenstand oder den Ausschnitt eines Videofilmes, den wir später wieder betrachten können, zunächst einmal anzusehen und dann im zweiten Schritt unsere Wahrnehmungen aufzuschreiben. Danach können wir durch nochmaliges Anschauen Schritt für Schritt unsere Wahrnehmung überprüfen und feststellen, was wir beim ersten Mal nicht aufgenommen oder hinzugefügt haben. Diese Übung kann uns Hinweise geben auf den von uns bevorzugten Sinneskanal bzw. auf die Art unseres Selektionsverfahrens, also die Art unseres individuellen Filters. Stellen wir Defizite fest, die uns für unsere späteren Entscheidungen und Handlungen wesentlich erscheinen, so können wir ihnen künftig mehr Beachtung schenken. Wir hatten bereits gesehen: Was wir wichtig nehmen, wird auch bei der Wahrnehmung stärker gewichtet.

Daß auch durch bestimmte Situationen und Anlässe unsere Selektion ungünstig beeinflußt und unsere Wahrnehmung eingeengt werden kann, wurde bereits besprochen. Ungünstig ist die Gewichtung dann, wenn sie uns hindert, Informationen wahrzunehmen, die wichtig wären für eine zielorientierte und situationsgerechte Entscheidung sowie für die Entwicklung entsprechend positiver mentaler Energie. Die ungünstige Beeinflussung reduziert das Wahrnehmungsvermögen derart, daß erfolgreiche Handlungsalternativen und Gegebenheiten nicht mehr erkannt werden. Die Prüfungsangst mit der Erwartung, die Frage nicht beantworten zu können, kann oftmals eine solche negative Trübung sein. Ähnliches gilt für andere Streßsituationen, in denen uns vielfach erst einige Zeit später einfällt, was wir sinnvollerweise hätten sagen oder tun sollen. Wir können sogar sagen: In einem solchen Fall reduziert sich die Fülle unserer Wahrnehmungsmöglichkeiten wie bei einem Trichter auf die Enge seines Durchlasses.

Ein Beispiel mag dies verdeutlichen:

Eine Teilnehmerin berichtete, wie sie nach einem anstrengenden Arbeitstag nach Hause kam und sich auf einen gemütlichen Abend freute. Ihr Partner kannte ihre momentane berufliche Anspannung und hatte bereits den Abendbrottisch gedeckt, Brote vorbereitet, eine Flasche Wein geöffnet und Kerzen aufgestellt. Es waren verschiedene Brotsorten da. Sie sah sofort, daß das Weißbrot mit Mett belegt war. Und schon war sie enttäuscht: "Du weißt doch genau, daß ich Mett nur auf Vollkornbrot esse!" Sie empfand dies als ein solch ausgeprägtes Zeichen, wie wenig sich ihr Partner Mühe gab, sich auf ihre Art einzustellen, daß sie all das Schöne der Vorbereitung nicht mehr wahrnehmen konnte. Der Abend war "gelaufen".

Wer ärgerlich oder verstimmt ist, läuft oft Gefahr, in der Selektion nur noch solche Signale wahrzunehmen, die Unbehagen rechtfertigen und es damit unterstützen sowie vergrößern, statt die Informationen zu beachten, die einen Ausweg ermöglichen. Wer "verstimmt" ist, hat keine Resonanz für gute Klänge. Wir sehen daran, wie unsere Gefühle, wenn sie unreflektiert bleiben, unsere emotionale Stimmungslage, unsere mentale Energie und unsere Wahrnehmung ungünstig beeinflussen und sich dies im Kreislauf noch gegenseitig verstärkt. Wenn unsere emotionale Stimmungslage einen solchen Einfluß auf unseren Wahrnehmungsfilter ausübt, so zeigt dies, daß die Selektion eine andere ist, je nachdem, ob wir uns in einer positiven oder in einer negativen Grundstimmung befinden.

Im negativen Falle wird das, was unser negatives Bild bestätigt, verstärkt wahr-genom-men, womit sich die Grundhaltung noch mehr festigt. Dies wird dann wahrscheinlich auch unser Verhalten beeinflussen und, wenn es vom anderen entsprechend empfunden wird, auch bei diesem möglicherweise zu mehr Zurückhaltung uns gegenüber führen. Wir wiederum fühlen uns in unserer

Annahme scheinbar bestätigt, obwohl wir in Wahrheit aber die Situation selbst geschaffen haben. Entsprechend umgekehrt kann es sich bei einer positiven Grundhaltung abspielen: Die positiven Signale, z.B. einer zögernden Zuwendung, werden von uns stärker wahrgenommen und können zu entsprechenden Handlungen bei uns und Reaktionen beim anderen führen. Treten wir der Welt positiv gegenüber, sehen sie positiv und behandeln sie positiv, so wird auch häufig das Echo positiv sein. Das sogenannte "positive Denken", von dem heute viel gesprochen wird, und auf das wir bei der Behandlung späterer Segmente nochmals zurückkommen, führt leider gelegentlich jedoch zu Mißverständnissen, gerade im Bereich der äußeren Sinnes-Wahrnehmung. Es soll uns unterstützen, positive Signale der Außenwelt - Hinweise, die uns helfen können - nicht zu übersehen. Sinn kann es aber nicht sein, unsere Wahrnehmung so zu verfälschen, daß wir sogenannte negative Signale überwiegend aussondern, überhören und übersehen, obgleich sie vielfach als Warnsignale nützliche und eventuell sogar notwendige Informationen enthalten.

Durch die Selektion von Signalen nehmen wir nur einen geringen Bruchteil unserer Umwelt war, also nur einen begrenzten Ausschnitt. Eine zusätzliche Subjektivierung unserer Wahrnehmung erfolgt dadurch, daß aufgenommene Informationen ergänzt werden um bereits in uns gespeicherte Vorerfahrungen aus der Vergangenheit. Das, was wir für wahr nehmen, ist also zum Großteil das Abbild des Modells, das wir uns von der Wirklichkeit gemacht haben. Insoweit nimmt es auch nicht wunder, daß die Menschen so häufig in diesem so entstandenen Bild der Wirklichkeit - welches sie für die Wahrnehmung der Umwelt halten - eine Bestätigung dessen sehen, was sie schon immer angenommen haben. In diesem Sinne gestalten wir uns zum Teil unsere "Wirklichkeit" selbst. Oft hat das Modell der Welt in unserem Gehirn Vorrang vor der Wirklichkeit: Wir stellen also unsere Vorstellungen vor die Wirklichkeit. Hierdurch mag erklärbar werden, daß Menschen mit unterschiedlichen Einstellungen dasselbe Ereignis jeweils als Bestätigung ihrer Ansicht verstehen.

Objektivität ist somit eine Illusion. Wir können uns ihr lediglich dann nähern, wenn wir bereit sind, unsere Wahrnehmung als subjektiv anzuerkennen, und damit akzeptieren, daß es auch andere Abbildungen der Wirklichkeit gibt. Erst dies führt zur Toleranz, andere in ihrem Anders-Sein zu respektieren, eventuell neue Modelle als denkbar anzunehmen und auf diese Weise möglichst unser Weltbild zu erweitern. Hierauf kommen wir im Abschnitt 3.2 über Wertsysteme nochmals zurück.

Auch die Situation, daß einzelne empfangene Signale zusätzlich gespeicherte Informationen "aufrufen", birgt sowohl Chancen wie Risiken. Beobachtet beispielsweise ein geübter Autofahrer an einer unübersichtlichen Ausfahrt ein bestimmtes Fußgängerverhalten, so vervollständigt sich sein Bild und er glaubt, durch das Blickverhalten des Fußgängers schon im voraus das herauskommende andere Fahrzeug zu sehen und stellt seine eigene Fahrweise darauf ein. Das Ergänzen der von unseren Sinnesorganen von außen aufgenommenen Signale durch intern gespeicherte Informationen ermöglicht also eine Früherkennung und damit ein schnelleres Reagieren. Dies ist sicherlich in vielen Lebenssituationen hilfreich oder gar notwendig und Ziel vieler Lernvorgänge. Wahrscheinlich kennen wir alle Spiele etwa in der Art, daß von einem Bild zunächst nur ein kleiner Ausschnitt gezeigt wird und dann langsam immer mehr; wer als erster das Gesamtbild erkennt, hat gewonnen. Auch auf diese spielerische Art wird geübt, möglichst wenig Informationen von außen in uns selbst zu einem Gesamtbild zu ergänzen.

Andererseits sind jedoch Gefahren gegeben. Weicht eine gegebene Situation ganz erheblich von unseren Vor-Erfahrungen ab und gleichen die ersten Teilinformationen den früheren, dann kann es sein, daß wir die Unterschiede der neuen Situation gar nicht mehr wahrnehmen, sondern an ihre Stelle das bereits gespeicherte Modell setzen und dieses für die Wahrheit halten. Wir haben hiermit bereits den engen Zusammenhang angesprochen zwischen äußerer Sinneswahrnehmung und innerer Wahrnehmung, ergänzt durch unsere Modelle, Normen und Programme, auf die wir im Abschnitt 3.2 weiter eingehen.

2.3 Wie innen – so außen

Das **zweite hermetische Prinzip der Entsprechung** besagt:

"Wie oben, so unten; wie unten, so oben."

Die Physik entdeckt im Laufe der Erforschung des Universums und der Atome immer mehr Übereinstimmungen zwischen den Gesetzmäßigkeiten im Makro- und im Mikro-Bereich. In diesem Maße bestätigt sich auch das Prinzip der Entsprechung, welches uns ermöglicht, aus dem Wissen über Bekanntes und den entdeckten Gesetzmäßigkeiten Rückschlüsse und Folgerungen zu ziehen auf noch unbekannte Ebenen. Wir wollen hier nicht weiter eingehen auf die Unterscheidung zwischen den verschiedenen Ebenen und den Dimensionen, die sich daraus für die esoterischen Betrachtungsweisen ergeben. Vielmehr wollen wir uns darauf beschränken, die aus dem Prinzip der Entsprechung folgenden Gesetzmäßigkeiten auf die beiden in diesem Buch dargestellten Wege zu beziehen.

In der bewußten Meditation gehen wir von der äußeren Bewußtseinsebene auf die innere und behandeln hier z.B. Ziele und Problemlösungen, die wir auf der äußeren Ebene umsetzen wollen. Wie innen, so außen. Im Wachbewußtsein handeln wir in der realen Welt und nehmen von dort Informationen auf. Auf der inneren Bewußtseinsebene wirken wir im mentalen Bereich. Das Prinzip der Entsprechung erlaubt uns, auf der Ebene tätig zu werden, auf der wir am erfolgreichsten im Sinne unserer Ziele wirken können, wobei dies gleichzeitig Auswirkungen auf der anderen Ebene hat. Konkret heißt dies: Auf der inneren Bewußtseinsebene können wir uns in aller Regel stärker auf ein Thema konzentrieren und haben mehr Möglichkeiten zur Verfügung, unabhängig von den Zwängen des Hier und Jetzt kreativ und zukunftsorientiert unsere Anliegen zu gestalten. Das, was hier vorausgedacht worden ist, kann dann auch in der Realität Gestalt annehmen unter den dort geltenden Gesetzen der schrittweisen Entwicklung. Denn auch, wenn im Samen bereits alle Veranlagungen enthalten sind, braucht es doch seine Zeit, bis daraus ein Baum gewachsen ist. Die unterschiedlichen Zeitdimensionen sind kein Widerspruch, sondern Ausdruck jeweils entsprechender Gesetzmäßigkeiten. Sie mahnen uns nur zur angemessenen Geduld. Niemand würde ein gerade bestelltes Feld nach kurzer Zeit wieder umpflügen, nur weil die Aussaat immer noch nicht zu einem Kornfeld gereift ist.

Die Aussage "Glaubet, und es wird euch geschehen" steht ebenfalls für das Prinzip der Entsprechung: Gemäß dem Glauben wird es geschehen.

Bei der Drei-S-Methode verdeutlicht dieses Prinzip, daß unsere für objektiv gehaltene Wahrnehmung unserer subjektiven Einstellung entspricht: Sind wir gut gelaunt, erscheint uns die Umwelt freundlicher; sind wir betrübt, erscheint sie uns eher trist. Oder wie Goethe es bereits ausdrückt: "Wär'nicht das Auge sonnenhaft, die Sonne könnt' es nie erblicken." Wenn wir in uns klar sind, wirkt auch unser Verhalten nach außen überzeugender. Mißverständnisse und Konflikte im äußeren Dialog signalisieren, daß es auch im inneren Dialog an Ausgeglichenheit, Zielklarheit und Eindeutigkeit mangelt.

Zwischen den beiden Wegen, der bewußten Meditation und der Drei-S-Methode, gibt es ebenfalls eine Entsprechung. Je bewußter wir in unserer Selbststeuerung sind, umso klarer und konkreter sind unsere Zielvorgaben auf der inneren Bewußtseinsebene. Und umgekehrt gilt: Je mehr wir auf unserer inneren Bewußtseinsebene Fähigkeiten und unser Potential aktiviert haben, umso stärker wirkt die mentale Energie in unserem Selbststeuerungssystem. Mit der Akzeptanz des Unbewußten erweitern wir zugleich unsere Bewußtheit.

Das Prinzip der Entsprechung besagt auch, daß wir Erkenntnisse entsprechend übertragen können:

"Wer einmal sich selbst gefunden,
kann nichts auf dieser Welt mehr verlieren.
Wer einmal den Menschen in sich begriffen,
der begreift alle Menschen."

(Stefan Zweig)

3.1 Unser "persönlicher Entspannungsort"

Wenn wir Bilder sehen und etwas erleben, erreichen wir einen viel stärkeren Kontakt mit unserem Unbewußten. Daher bleiben wir auch nicht auf einer abstrakten inneren Bewußtseinsebene stehen. Nachdem wir uns, wie im Abschnitt 2.1 beschrieben, durch Rückwärtszählen auf die Alpha-Ebene versetzt und die bestätigende Feststellung getroffen haben "ich bin auf meiner inneren Bewußtseinsebene", gehen wir weiter zu unserem persönlichen Entspannungsort.

Diesen wollen wir uns so lebendig wie möglich vorstellen und mit möglichst all unseren Sinnen erleben. Es ist der Ort, an dem wir Ruhe und Entspannung finden und Kontakt zu uns selbst sowie den in uns liegenden Energien und Ressourcen herstellen.

Die Erfahrung zeigt, daß die Teilnehmerinnen und Teilnehmer der Seminare die unterschiedlichsten Entspannungsorte vorfinden. Mal ist es ein geschlossener oder halboffener Raum, mal eine Wiese, ein Ufer oder ein Berg, mal irgendeine denkbare Kombination. Es können Orte sein, die wir aus unserem Wachbewußtsein kennen, vielleicht sogar aus unserem unmittelbaren Lebenskreis, Orte, in denen wir schon unseren Urlaub verbracht haben, Orte aus anderen Vorstellungen von uns oder Orte, die wir so noch nie gedacht oder uns vorgestellt haben. Zumeist sind die Teilnehmerinnen und Teilnehmer völlig überrascht, welcher Entspannungsort sich ihnen beim ersten Besuch zeigt. Überwiegend wird er jedoch sogleich als angenehm und wohltuend empfunden. In den meisten Fällen bleibt der Entspannungsort über lange Zeit konstant.

Im Text von Abschnitt 2.1 ist Ihnen wahrscheinlich aufgefallen, daß wir eine Systematik verfolgen:

Zunächst nennen wir unser Ziel, das wir erreichen

wollen, z.B. "ich werde ruhig......".

Als zweites sagen wir, was wir tun werden, um dieses Ziel zu erreichen, also "ich zähle jetzt langsam von 3 bis 1, ..." und bestätigen dabei nochmals, daß wir damit unser Ziel erreichen ("Mein Körper...ist...").

Als drittes tun wir dann das, was wir gesagt haben, also wir zählen die 3, die 2 etc.

Zum Abschluß stellen wir fest, daß wir das, was wir uns vorgenommen hatten, erreicht haben.

Bevor wir von der inneren Bewußtseinsebene unseren persönlichen Entspannungsort betreten, ist im nachfolgenden Text noch als Zwischenstation ein Farbraum genannt. Diesen können Sie verwenden, wenn Sie feststellen, daß es Ihnen hilft, sich auf der inneren Bewußtseinsebene und im Alpha-Zustand zu stabilisieren. Wenn Sie eher das Gefühl haben, daß es Sie ablenkt oder es Ihnen zuviel wird, so ist es unproblematisch, diesen Schritt fortzulassen.

Textvorschlag:
Nach dem Text von 2.1 mit der abschließenden Feststellung "ich bin auf meiner inneren Bewußtseinsebene" folgt:
Ich betrete jetzt einen Farbraum und sehe und erlebe dort eine oder mehrere Farben, die mir guttun.
Ich werde jetzt gleich den Farbraum verlassen und meinen Entspannungsort betreten.
Jetzt betrete ich meinen persönlichen Entspannungsort. Dies ist mein persönlicher Entspannungsort, in dem ich mich wohlfühle. Ruhig und gelassen nehme ich den Ort auf, der sich mir zeigt. Ich bleibe ruhig und interessiert, auch wenn sich zunächst kein Ort zeigt oder wenn der Ort wechselt. Ich weiß: Was sich jetzt gestaltet, wird zu meinem Besten sein.) Ich nehme den Entspannungsort mit all meinen Sinnen wahr, ich schaue mich um und sehe, was sich mir zeigt. Ich

nehme vielleicht Düfte wahr, die zu dem Entspannungsort gehören, und die entsprechenden Geräusche.

Geräusche von außen erreichen mich nur, wenn sie für mich wichtig sind.
Ich fühle, dies ist mein ganz persönlicher Entspannungsort. An diesem Ort finde ich Kontakt zu mir selbst und zu meinen unerschöpflichen Reserven an Ruhe, Energie und Kreativität. Hier finde ich die Kraft und die Wege, meine Probleme zu lösen sowie meine Ziele zu erreichen.
Immer, wenn ich künftig hierher zurückkehre oder in meinem Wachbewußtsein an diesen Entspannungsort denke, finde ich Zugang zu meinen unerschöpflichen Reserven an Ruhe, Energie und Kreativität.

Zur Erläuterung:
Für einige Kursteilnehmerinnen und Kursteilnehmer, die zumindest am Anfang Schwierigkeiten haben, eine oder mehrere Farben zu sehen, heißt es im obigen Text: Ich "sehe und erlebe" sowie "eine oder mehrere Farben".

Der Hinweis auf die Geräusche von außen, die ich nur wahrnehme, wenn sie für mich wichtig sind, hilft uns, in der Konditionierung durch fremde Geräusche von außen nicht gestört zu werden, es sei denn, sie hätten eine dringliche Bedeutung für uns.

Es ist aber sinnvoll, wenn Sie Vorsorge treffen, daß Sie während der Übung möglichst überhaupt nicht gestört werden, auch nicht durch das Telefon. Setzen oder legen Sie sich zum Üben bitte bequem hin, so daß Sie nicht durch Ihre Körperhaltung abgelenkt werden. Dies ist besonders wichtig, wenn Sie später einmal für längere Zeit, z.B. für 15 bis 20 Minuten auf der inneren Bewußtseinsebene arbeiten wollen. Am Anfang ist es hilfreich, zum Üben stets die gleiche Sitz- oder Liegehaltung einzunehmen. Bald weiß dann bereits

Ihr Unterbewußtsein, daß es bei dieser Haltung Ihren Weg auf die innere Bewußtseinsebene unterstützt. Später werden Sie in der Lage sein, die Übungen in unterschiedlichen Haltungen durchzuführen. Machen Sie die Übung z.B. abends vor dem Schlafengehen oder morgens direkt nach dem Aufwachen, so werden Sie sie wahrscheinlich im Liegen durchführen, tagsüber möglicherweise in einer ganz normalen Sitzhaltung auf dem Stuhl. Für die meisten ist es leichter, die Übung mit geschlossenen Augen durchzuführen. Wenn Sie sich - gegebenenfalls später - auch mit geöffneten oder halb geöffneten Augen nach innen konzentrieren können, so haben Sie die Möglichkeit, kurze Übungen in einer normalen Sitzhaltung während Warte- oder Leerzeiten, durchzuführen, ohne daß es Ihre Umgebung überhaupt bemerkt.

Wenn Sie bereits autogenes Training, Meditationen oder andere Entspannungsübungen praktizieren oder einmal intensiv praktiziert haben, so ist es hilfreich, wenn Sie jetzt für Ihre "bewußte Meditation" eine andere Haltung einnehmen, um Ihre jetzigen Übungen klar von früher praktizierten zu trennen.

Der Gang zu unserer inneren Bewußtseinsebene und weiter zu unserem persönlichen Entspannungsort ist zunächst eine Vorübung, um dann konstruktiv unsere geistigen Fähigkeiten mit Bewußtheit auf der inneren Bewußtseinsebene einzusetzen mit dem Ziel, Probleme zu bearbeiten, Ziele zu erreichen und Programme zu verändern. Dies wird in den nachfolgenden Abschnitten weiter behandelt.

Der Weg zu unserem persönlichen Entspannungsort ist jedoch für sich bereits eine ausgezeichnete Entspannungsübung, mit der wir Streß abbauen können und zur Ruhe und Gelassenheit finden. Für viele bringt dieser erste Schritt schnellere und umfassendere Ergebnisse als andere praktizierte Entspannungsübungen. Wenn Sie täglich möglichst zweimal Ihren persönlichen Entspannungsort aufsuchen, wird es eine wohltuende, beruhigende und streßabbauende Wirkung für Sie haben, und zwar körperlich, geistig und auch seelisch.

3.2 Wertsysteme, Normen und Programme

Unser Weltbild und unsere Denkmöglichkeiten hängen ab von dem, was wir gelernt haben - zum Teil frühzeitig als eher unbewußt aufgenommene Informationen. Das Gelernte steuert unsere Erfahrungen und die Art, wie wir unserer Umwelt entgegentreten. Unsere Vor-Erfahrungen beeinflussen, was und wie wir lernen. Hieraus entwickelt sich unsere Art, die Umwelt wahrzunehmen, auf sie zu reagieren und uns in bestimmten Situationen zu verhalten.

Erleben wir vergleichbare Situationen, so werden in uns Referenzerfahrungen - entsprechende Vor-Erfahrungen - aufgerufen mit den gespeicherten Informationen, wie die Situation seinerzeit für uns war und sich weiterentwickelt hat. Je nachdem, wie diese Erinnerungen sind, werden wir positiv oder negativ eingestimmt. Die Beurteilung, wie eine gegebene Situation ist oder sein sollte, erfolgt dann durch unsere aus vergangenen Erfahrungen und Botschaften geprägten Wertsysteme und Normen. Um schnell genug reagieren zu können, wirkt dies bei entsprechenden Lernerfahrungen als Auslöser für eine ganze Verhaltenskette, die in uns in Form von Programmen gespeichert ist. Bemerkt z.B. ein Autofahrer eine Gefahrensituation, so erfolgen in Sekundenschnelle Handlungen Loslassen des Gaspedals, Bremsen, Auskuppeln, Gegensteuern etc. Und all dies kann nur geschehen, indem gleichzeitig dabei eine Vielzahl von Muskeln in unserem Körper bewegt werden, und zwar überwiegend ohne unser Bewußtsein einzuschalten. Dies ist vielfach sinnvoll, denn ohne das Gelernte müßten wir in jeder Situation immer wieder bei Null beginnen.

Das Problem besteht dann auch weniger im Lernen und den sich daraus prägenden Wertsystemen, Normen und Programmen als vielmehr in der Starrheit und mangelnen Flexibilität, die sich dann ergibt, wenn wir zu früh aufhören weiterzulernen, d.h. bei zusätzlichen oder sich neu ergebenden Situationen ergänzende Verhaltensweisen einzuüben oder bestehende zu variieren. Lernen ist somit eine zentrale Aufgabe für die Weiterentwicklung des Menschen. Tut er dies nicht, gleicht er einem Roboter, der auf bestimmte Auslöser mit festgelegten Programmen reagiert. Und durchschauen Außenstehende diesen Reiz-Reaktions-Mechanismus, so kann dieser "Roboter" auch sehr gut fremdgesteuert werden. Wer lernt, bleibt lebendig, und was lebt, kann wachsen und sich entwickeln. Dabei handelt es sich um einen inneren Prozeß (inneren Dialog, Persönlichkeitsentwicklung), der jedoch im äußeren Dialog auf seine Wirksamkeit in der Wirklichkeit abgeprüft werden muß: Durch unsere Handlungen und nachfolgenden Wahrnehmungen können wir kontrollieren, ob die neuen Programme die von uns gewünschten Resultate erzielen.

In unsere Beratung kam ein Mann von Mitte 30. In seinen Selbstbeurteilungen zu den jährlichen Förderungsgesprächen mit seinem Vorgesetzten hatte er seine Leistungen stets nur mit "befriedigend" eingestuft, obgleich sich im späteren Gespräch herausstellte, daß er die Zielvereinbarungen erreicht und teilweise sogar erheblich übertroffen hatte. Nun mußte er erleben, wie Kollegen mit nur durchschnittlichen Ergebnissen bei den Beförderungen besser berücksichtigt wurden. Die Bearbeitung seiner Wertsysteme und ihn steuernden Programme ergab, daß er in seiner Kindheit von seinem Vater die Botschaft übernommen hatte: "Lerne was, dann bist Du was. Wer kein Abitur hat, kommt für wirkliche Führungsaufgaben nicht in Frage." Durch den plötzlichen Tod seines Vaters hatte er vorzeitig das Gymnasium verlassen. Nach dieser Erkenntnis löste sich das Problem schnell auf. Er erkannte, daß das, was er in seinem praktischen Berufsleben gelernt hatte und in welchem Maße er Ziele erreichte und überdurchschnittliche Ergebnisse erzielte, entscheidender waren als ein Abitur. Als er nun daraufhin die entsprechende Bereitschaft zur Übernahme von zusätzlicher Führungsverantwortung zeigte, ließ auch die Beförderung nicht lange auf sich warten. - Das Programm "lerne was, ..." war wahrscheinlich in der Kindheit sinnvoll. Für den Erwachsenen war es eher eine Blockade.

Unsere Wertsysteme, Normen und Programme sind geprägt durch das, was wir gelernt und erfahren haben. Unser so geschaffenes Modell der Welt erleichtert uns die Orientierung in der Umwelt. Das Modell ist jedoch nie die ganze Wirklichkeit: Manches ist vernachlässigt, anderes überbetont. Auch die Landkarte ist ein gutes "Modell", um uns in einer Gegend zurechtzufinden. Dabei wird zumeist den Straßen eine besondere Bedeutung zugemessen, während andere Aspekte der Landschaft vernachlässigt werden. Wenn sich z.B. durch Neubauten viel verändert, dann ist eine Karte irgendwann einmal überholt. Wollen wir nicht nur durchreisen, sondern Ausschau halten nach Ausflugszielen, so benötigen wir eventuell eine zusätzliche Karte. Erst recht müssen wir die Karte wechseln, wenn wir in eine andere Gegend fahren. Mit einem Stadtplan von Hamburg durch München zu fahren, hilft nicht viel. Und erst recht brächte es nichts, den Münchenern aufgrund unseres Planes klarmachen zu wollen, sie hätten falsch gebaut. Sind wir aber mit unserem Weltbild und den darin beinhalteten Wertsystemen und Programmen immer anpassungsbereit und flexibel genug?

Ein wesentlicher Teil des Lernens ist die Konditionierung: Wenn Situation A, dann Verhalten b. Die Wahrnehmung einer bestimmten Gegebenheit oder eines Verhaltens bei anderen löst ein entsprechendes Verhaltensprogramm aus, ohne daß es vielfach noch zu bewußten Entscheidungen kommt.

Ähnlich wie in einem großen Unternehmen vieles an Tagesarbeit auf den verschiedenen hierarchischen

Ebenen routinemäßig nach Regeln und Grundsätzen erledigt wird, ohne den Vorstand mit Entscheidungen für jeden Einzelfall zu überlasten, erscheint auch die "Arbeitsteilung" zwischen unserem Wachbewußtsein und unserem Unbewußten sinnvoll. Wenn wir jedoch mit dem Ergebnis nicht zufrieden sind, dann lohnt es sich zu überprüfen, ob die Programme, mit denen wir auf entsprechende Situationen reagieren, und die zugrunde liegenden Wertsysteme und Normen optimal sind oder ob uns nicht aus unserem heutigen Wissensstand bessere Alternativen zur Verfügung stehen als die, die wir früher einmal gelernt haben. Da sich vieles außerhalb unseres Wachbewußtseins abspielt, ist es oftmals schwer, solche ungünstigen oder überholten Programme zu erkennen. Die Bewußtheit in anderen Segmenten des Selbst-Steuerungs-Systems, wie z.B. die Wahrnehmung unserer Gefühle, die Abstimmung mit unseren Zielen oder die detaillierte Beobachtung der Wirkung unseres Handelns kann den Anstoß zur Überprüfung geben.

Ein wesentlicher Schritt ist bereits getan, wenn wir nicht mehr nur unbewußt reagieren und sofort zur Handlung übergehen, sondern mit Bewußtheit die Sinnhaftigkeit unseres Tuns zuvor überprüfen. So können wir dann z.B. weitere Handlungsalternativen entwickeln und abprüfen; hierauf werden wir im Abschnitt 5.2 "Ziele, Absichten und Alternativen" nochmals zurückkommen.

Wie mächtig der Einfluß früheren Erlebens sein kann und wie befreiend deren Bewußtwerdung, soll verdeutlicht werden am Beispiel einer Seminarteilnehmerin. Sie war bisher beruflich sehr erfolgreich gewesen, erlitt aber mit Ende 30 einen Verkehrsunfall, durch den sie nun den einen Fuß immer etwas hinterherzog. Ohne zunächst erkennbaren Grund traute sie sich in der Folge auch beruflich nicht mehr allzuviel zu. In der Beratung wurde deutlich: Ihr Vater war als Schwerkriegsversehrter zurückgekehrt und hatte keine geeignete Arbeit mehr gefunden. Ihre Mutter hatte ihn von dieser bedrückenden Situation durch die Aussage entlasten wollen, es wäre nicht sein Verschulden, sondern in dieser Welt sei halt kein Platz für Krüppel. Nachdem sich unsere Teilnehmerin nun auch eine offensichtliche körperliche Behinderung zugezogen hatte, folgte sie plötzlich selbst unbewußt diesem Programm "Mit körperlicher Behinderung hast du kein Anrecht auf beruflichen Erfolg." Nachdem sie dies durch die Beratung nicht nur rational verstanden, sondern auch emotional erfahren hatte, konnte sie ihre Situation annehmen, neue Verhaltensweisen entwickeln und an alte Erfolge anknüpfen.

Sind die Zusammenhänge den Betreffenden erst einmal bewußt geworden, so können sie zumeist von ihnen schnell akzeptiert werden und zu Neuorientierungen führen. Eine häufige Frage lautet dann: "Warum ist mir dies nicht schon früher aufgefallen?" Hier zeigt sich, wie sehr unser Denkmuster mit unserer Wahrnehmung und unserem Handeln aufeinander eingespielt sind. Wir haben bereits gesehen, wie stark unsere Einstellung und unsere Normen unsere Wahrnehmung mit ihrer Selektion beeinflussen und durch zusätzliche Referenzerfahrungen ergänzen. Dies führt dazu, daß aus der Wahrnehmung stärker die Bestätigung dessen erfolgt, was wir schon immer glaubten als eine differenzierte Betrachtungsweise. Dadurch werden dann auch wieder die gleichen Programme in uns ausgelöst, die zu einem entsprechenden Verhalten führen. Und dies veranlaßt unsere Umwelt zumeist zu gleichbleibenden Reaktionen, die uns wiederum als Bestätigung erscheinen.

Wird dieses eingespielte System durchbrochen und dringt in unser Bewußtsein, so wird der Weg für Erkenntnis und Neuorientierung frei. Dies kann z.B. ausgelöst werden durch erschütternde Erlebnisse, nicht einzuordnende Reaktionen von Partnern oder sonstige, emotionale Grunderfahrungen. Ein anderer Weg führt über die zunehmende eigene Bewußtwerdung, zu der die hier behandelte Drei-S-Methode beiträgt. Oftmals ist der Anstoß von außen durch einen Berater oder in einer Trainingsgruppe hilfreich.

Die neuen Schlußfolgerungen sind dann wirklich verinnerlicht, wenn sie so in uns gefestigt wurden, daß wir uns bei entsprechenden Situationen daran erinnern. Dabei wirken sowohl in der Realität erlebte Erfahrungen auf unsere Modelle ein als auch gedachte, gedanklich vollzogene Erfahrungen, wenn sie nur intensiv genug waren. Hier liegt der Ansatz des mentalen Trainings, der bewußten Meditation. Gedankliche Übungen und Schlußfolgerungen mit entsprechendem Intensitätsgrad können die uns steuernden innerlichen Modelle, Wertsysteme und Normen sowie von ihnen ausgelöste Programme korrigieren, insofern wir Veränderungen anstreben, oder uns unterstützen, insofern wir sie stärken wollen. Für die Macht unserer Modelle ist also weniger entscheidend, ob sie auf Erfahrungen beruhen, die von außen ausgelöst oder von Vorbildern vermittelt wurden oder ob wir sie uns gedanklich geschaffen haben. Entscheidend ist allein die Intensität des Erlebens.

3.3 Wer verstimmt ist, hat keine Resonanz für gute Klänge

Treffen die Wellen eines Senders auf einen Resonanzkörper, einen Empfänger, mit entsprechender Frequenz, so schwingt dieser mit. Wir kennen dies aus dem Bereich der Töne. Bei entsprechenden Tonfrequenzen bringen deren Schwingungen eine entsprechend geeichte Stimmgabel zum Mitklingen. Abweichende Schwingungen anderer Töne erreichen dies nicht, sie sind praktisch für diese Stimmgabel nicht wahrnehmbar, nicht existent.

Das **dritte hermetische Prinzip der Schwingung** besagt:

> **"Nichts ist in Ruhe, alles bewegt sich, alles ist in Schwingung."**

Die neueren Erkenntnisse der Naturwissenschaften scheinen diese alte Weisheit zu bekräftigen. Die Energie wird als Schwingung angesehen. Die Atome und Moleküle, die die Grundlage der materiellen Welt und selbst der festesten Stoffe bilden, sind gleichfalls im Zustand dauernder Schwingung und Bewegung. Manche Schwingungen sind für unsere Sinnesorgane nicht mehr als Bewegung wahrnehmbar. Bei laufendem Motor erscheinen die Flügel eines Propellers unserem Auge wie eine Scheibe. Auch unser Ohr kann nur Töne in bestimmten Frequenzbereichen wahrnehmen; langsamere oder schnellere Schwingungen, tiefere oder höhere Töne, sind für das menschliche Ohr nicht aufnehmbar. Wir sind geneigt, davon auszugehen, daß das, was wir nicht wahrnehmen können, auch nicht existent ist und daß dann, wenn wir nichts mehr hören können, Stille herrscht. Es scheint so, als wären wir geneigt, nur das als Realität anzuerkennen, was wir mit unseren begrenzten Wahrnehmungsmöglichkeiten erfassen können. Alles darüber Hinausgehende wird so lange als unrealistisch betrachtet, bis uns technische Hilfsmittel einen Zugang ermöglichen.

Die Wellen der Radio- und Fernsehsendungen sind im Raum vorhanden, aber für unsere Sinnesorgane nicht existent. Ein entsprechendes Empfangsgerät ermöglicht uns, Töne und Bilder aufzunehmen und bei geringen Frequenzveränderungen neue Stationen zu empfangen. Wir haben im Abschnitt 1.1 gesehen, daß unsere Gehirntätigkeit in bestimmten Hirnfrequenzen meßbar ist. Entsprechend können wir nicht ausschließen, daß unser Denken und andere geistige Tätigkeiten Schwingungen auslösen, die auf einer unserem Bewußtsein verschlossenen Ebene von anderen empfangen werden und Resonanzen auslösen. Dies zeigt bereits unser Sprachgebrauch: Wir kennen Sätze wie "Zwischen Ihnen war von Anfang an eine gute Schwingung.", "Wir waren auf einer Wellenlänge." oder "Zwischen denen schwingt nichts." Genauso ist es denkbar, daß auch unser Unbewußtsein Signale empfängt und bei seinen Schlußfolgerungen berücksichtigt, ohne daß es uns oder den sendenden Personen bewußt wird.

Die hermetische Philosophie lehrt, daß jeder Gedanke, jede Erregung und jeder geistige Zustand ihre entsprechende Schwingung haben. Wer die entsprechende Einweisung erhalten habe, könne nach seinem Willen mit der notwendigen Anstrengung die geistigen Zustände wiederholen, genauso wie man in der Physik durch entsprechende Frequenzveränderungen musikalische Töne und Farben beliebig reproduzieren kann. Unserer kritischen Logik, die nur akzeptieren will, was sie auch in ihrem Zustandekommen nachvollziehen kann, beurteilt diese alten Lehren eher wie den Wunderglauben an geistige Alchemie. Die Überlieferer dieser alten Lehren sehen jedoch in der Beherrschung des Prinzips der Schwingungen den Weg, der dem Menschen die Kraft gibt, seinen Geist auf jede beliebige Stufe zu polarisieren sowie einzuschwingen und damit vollkommene Kontrolle über seine geistigen Zustände und Schwingungen zu gewinnen.

Was bedeutet dies für uns und unsere Stimmungslagen? Wie können wir uns selbst so einschwingen, daß wir aufnahmebereit sind für hilfreiche und unterstützende Signale und selbst gute Schwingungen aussenden? Gelegentlich sagen wir ja schon einmal: "Das hat mich jetzt sehr verstimmt". Wie können wir mit gesteigertem Bewußtsein selbst unsere Sende- und Empfangsbereitschaft steuern?

Ziel der Drei-S-Methode ist es, durch zunehmende Bewußtheit zur Selbststeuerung zu gelangen. Im Abschnitt 4.2 "Gefühle" werden wir uns damit befassen, wie diese uns als Information über unsere Stimmungslage uns zur entsprechenden Selbststeuerung anregen können. Eine zunehmende Kenntnis über unsere Wertsysteme, Normen und uns steuernde Programme gibt uns einen Einblick, wie wir bei bestimmten Anlässen auf entsprechenden Frequenzen schalten. Sind dies nicht die Schwingungen, auf denen wir senden wollen, mit denen wir unseren Partner konstruktiv erreichen oder die geeignet sind, damit wir für uns sinnvolle Informationen und Hinweise wahrnehmen, dann kann das Selbst-Steuerungs-System uns unterstützen, regulierend tätig zu werden.

Bei der bewußten Meditation gelangen wir auf unsere innere Bewußtseinsebene durch die gewollte Veränderung von Beta-Schwingungen zu Alpha- und Theta-Wellen. Hier haben uns also die neueren Entwicklungen des Mentaltrainings durch gezielte Beeinflussung der Schwingungen einen zusätzlichen Bereich zugänglich gemacht. Wenn wir durch bewußt eingesetzte Auslöser Zugang zur inneren Bewußtseinsebene gewinnen und den in Abschnitt 1 dieses Kapitels behandelten Entspannungsort verbinden mit den uns helfenden Kräften, so stehen uns jeweils Ruhe, Energie und Kreativität zur Verfügung. Die bewußte Meditation ermöglicht es, daß wir uns auf eine höhere, hilfreiche Ebene einschwingen.

Die Meditation ist unabhängig davon, an welche Religion oder welches Weltbild wir glauben und wie wir zur hermetischen Philosophie eingestellt sind. Die aufgezeigten Zusammenhänge sind aber möglicherweise geeignet, die Leserinnen und Leser geneigt zu machen, mit noch mehr Vertrauen und Zuversicht in ihren Übungen auf den beiden in diesem Buch beschriebenen Wegen voranzuschreiten.

Es wird heute bereits von seriösen Firmen berichtet, die in Experimenten untersuchen, inwieweit eine positive, den Gesprächspartner akzeptierende Einstellung, auch wenn sie nicht ausgesprochen wird, das Verhandlungsklima und das gemeinsam erarbeitete Ergebnis konstruktiv beeinflussen und fördern. Auf jeden Fall verhelfen sie auch uns zu einer guten Einstimmung.

4.1
Der "geistige Bildschirm"

Ähnlich, wie wir im alltäglichen Leben auf der "objektiven", physischen Ebene Hilfsmittel benutzen, um effektiver zu arbeiten, so tun wir dies auch in der "subjektiven", geistigen Dimension. Eines dieser Hilfsmittel ist der "geistige Bildschirm". Auf diesem Bildschirm können wir uns Bilder oder ganze Szenen vorstellen, wie von einem Videoband auf dem Fernsehschirm.

Bei diesen Szenen kann es sich zum einen um früher Erlebtes handeln, das wir uns aus unserem Gedächtnis jetzt wieder in Erinnerung rufen. Zum anderen können wir uns mit unserer Vorstellungskraft Bilder konstruieren, die z.B. eine künftige Zielerreichung symbolisieren. Wahrscheinlich haben wir alle schon einmal beobachtet, wie das intensive Nachempfinden früherer Geschehnisse mit allen Gefühlen so deutlich erlebt werden kann, als wäre es jetzt noch einmal Realität. Die Situation wird noch einmal genau so intensiv erlebt, als fände sie wieder real statt. Die Intensität eines Erlebens beeinflußt, wie stark unsere daraus bestimmten Vor-Erfahrungen, Leitbilder, Normen und uns steuernde Programme geprägt werden. Dabei ist es von untergeordneter Bedeutung, ob dieses Erleben auf objektiven wirklichen Geschehnissen oder auf subjektiven Wahrnehmungen und Vorstellungen basiert.

Unser Unbewußtes sowie unsere Wertsysteme und Programme, die aus vorangegangenen Erlebnissen geprägt wurden, steuern unser Verhalten und damit unseren Erfolg. Deshalb es sinnvoll, wenn wir uns nicht nur von außen beeindrucken lassen, sondern durch eigene Vorstellungen zielgerichtet Einfluß nehmen. Was wir auf der geistigen Ebene vorausgedacht haben, kann sich dann auch auf der realen Ebene verwirklichen. (vgl. hierzu auch Abschnitt 1.3 " Am Anfang war der Geist" sowie den Abschnitt 3.2. über Wertsysteme.

Unser geistiger Bildschirm ist auf der inneren Bewußtseinsebene ein Werkzeug, das uns unterstützt, Vorstellungen zu entwickeln, Ziele zu konkretisieren, frühere Erlebnisse "aufzuarbeiten" oder uns steuernde Programme zu ändern. Damit befassen wir uns im nachfolgenden Abschnitt 5.1.

Zum einen unterstützt uns die Darstellung auf dem Bildschirm, ein Anliegen zu thematisieren und uns darauf zu konzentrieren. Zum anderen ermöglicht uns das Erleben solcher Darstellungen einen unmittelbareren und stärkeren Kontakt zu unserem Unbewußten. Abstrakte Überlegungen haben einen geringen Erlebniswert. Die Vorstellungen auf unserem geistigen Bildschirm werden umso intensiver erlebt und für wahr genommen, je stärker es uns gelingt, unsere verschiedenen Wahr-Nehmungs-Sinne zu aktivieren: Sehen, hören, fühlen, riechen und schmecken.

Wie können wir unseren geistigen Bildschirm installieren und mit ihm arbeiten?

Zunächst gehen wir auf dem bereits beschriebenen Weg auf die innere Bewußtseinsebene und zum persönlichen Entspannungsort. Dann visualisieren wir an einer beliebigen Stelle unseren Bildschirm. Das gelingt erfahrungsgemäß den meisten Seminarteilnehmerinnen und Seminarteilnehmern völlig problemlos direkt beim ersten Versuch, selbst wenn im Wachbewußtsein zunächst Bedenken bestehen "wie kann ein solcher Bildschirm auf meinen Entspannungsort passen?" Lassen Sie sich bitte nicht entmutigen, wenn es Ihnen nicht gleich beim ersten Versuch gelingen sollte. Hilfreich kann es sein, wenn Sie sich bei geschlossenen Augen, während Sie an Ihrem persönlichen Entspannungsort sind, vorstellen, Ihren Blick über die horizontale Sichtebene leicht nach oben zu heben und dann dort vor sich den Bildschirm zu sehen. Nachdem Sie einige Bilder oder Szenen auf dem Bildschirm gesehen - und möglichst auch mit anderen Sinnen erlebt - haben, wenden Sie sich von Ihrem Bildschirm ab, sobald Sie dies beenden wollen. Schauen Sie sich noch einmal auf Ihrem Entspannungsort um. Die Übung beenden Sie, indem Sie in der beschriebenen Weise von 1 bis 5 zählen, Ihren Entspannungsort verlassen und auf die äußere Bewußtseinsebene zurückkehren.

Eine praktische Nutzung des geistigen Bildschirms kann darin bestehen, daß wir über ihn Informationen aus unserem Unbewußten abrufen, also Wissen, das uns im Moment nicht bewußt ist. Stellvertretend für viele Erfahrungen kann hier ein Beispiel für das Aufsuchen verlegter Gegenstände dienen. Eine Teilnehmerin benötigte dringend ihre Heiratsurkunde, die sie bereits seit Jahren nicht mehr bewußt gesehen hatte. In der Zwischenzeit ist sie auch umgezogen. An dem Ort, wo sie hätte sein sollen, war die Urkunde nicht. Die Teilnehmerin visualisierte das Familienstammbuch mit der Heiratsurkunde auf ihrem geistigen Bildschirm. Nachdem sie wieder ins Wachbewußtsein zurückgekehrt war, ging sie kurze Zeit später - ohne daß sie wußte, warum - zur Schublade, in der sie ihre Nähsachen aufbewahrte. Unter einigen Stoffresten und Wollknäueln fand sie das Familienstammbuch.

Manchmal erhalten wir die Antwort direkt auf dem Bildschirm, manchmal erst nach Rückkehr ins Wachbewußtsein.

Wenn wir die ersten Male die Benutzung unseres geistigen Bildschirms üben, kann es sinnvoll sein, sich lediglich vorzunehmen, einige Gegenstände oder filmähnliche Szenen auf den Bildschirm zu projizieren oder zu erleben. Damit trainieren wir unsere Fähigkeit, geistige Vorstellungen möglichst bildhaft und lebendig zu gestalten.

Eine Übung, die sich für den Anfang, aber auch für entsprechende Situationen später eignet, besteht im folgenden: Wir blicken auf den Bildschirm und bitten unser Unbewußtes, uns nun durch ein Bild oder eine Szene eine Information zu geben, die jetzt für uns wichtig ist. Gelegentlich werden uns dabei Dinge bewußt, an die wir schon vorher gedacht haben. Oftmals ist die Information aber auch recht verblüffend. Ein Teilnehmer hatte die Vorstellung, immer noch ein klärendes Gespräch mit einer Person führen zu müssen. Die Szene auf dem Bildschirm zeigte ihm, wie er sich von der Person verabschiedete, ohne eine Aussprache herbeigeführt zu haben. Und dann wurde ihm plötzlich ganz klar, daß es gar nichts mehr zu besprechen gab; das Thema hatte sich erledigt. Im Gegenteil, es hätte die Gefahr bestanden, daß mehr zerredet als konstruktiv geschaffen worden wäre.

Schließlich liegt eine fast grenzenlose Möglichkeit in der Nutzung des geistigen Bildschirms darin, daß wir uns Ziele vorstellen und dann unser Unbewußtes mit einschalten, sinnvolle Lösungen zu verwirklichen. In einem konkreten Fall sollte ein Haus verkauft werden; die vorangegangenen Maßnahmen waren jedoch erfolglos verlaufen. Die Hauseigentümerin projizierte nun, nachdem sie auf ihren persönlichen Entspannungsort gegangen war, auf dem geistigen Bildschirm zunächst das Bild des Hauses, das sie verkaufen wollte, und dann die Situation, wie sie die notarielle Verkaufsurkunde unterschrieb. Dabei sagte sie sich: "Es reicht, wenn einer da ist, der das Haus kaufen will."

Bereits nach wenigen Tagen, an denen sie jeweils einoder zweimal diese Übung wiederholt hatte, meldete sich telefonisch ein Kaufinteressent. Bereits nach 10 Tagen war der Verkauf notariell beurkundet. Ihr "reichte" ein Käufer; kurioserweise hieß der Käufer Herr Reich.

Vielleicht sind jetzt einige Leserinnen und Leser skeptisch und halten dies für unrealistisch, weil wir nicht nachvollziehen können, wie solche Ergebnisse zustande kommen. Aber manches, was früher unerklärlich war und naturwissenschaftlich als unmöglich galt, ist uns heute ganz selbstverständlich. Wer hätte vor Jahrhunderten geglaubt, daß wir Geräte besitzen können, mit denen wir uns Bilder und Töne, die weit entfernt entstehen, scheinbar "aus der Luft" holen können? Wir wollen hier nicht näher auf die Thematik eingehen. Versuchen Sie es einfach einmal vorbehaltslos mit einigen leichteren Zielsetzungen. Wahrscheinlich wird sich nicht alles realisieren. Aber wenn Ihre Ziele sich häufiger verwirklichen, als Sie es aus Ihren bisherigen Erfahrungen gewohnt sind, dann wächst auch Ihre Überzeugung, daß Sie über ein Werkzeug verfügen, das Sie mit einer höheren Wahrscheinlichkeit als bisher zum Erfolg führt. Und mit zunehmender Überzeugung steigt die Wirksamkeit. Weitere Möglichkeiten behandeln wir in den nachfolgenden Abschnitten.

Wenn wir in dieser Weise Themen bearbeiten wollen, so stellen wir uns positiv und möglichst lebendig vor, wie wir bereits das Ziel erreicht haben. Im obigen Fall des Hausverkaufs war die Symbolik der Zielerreichung die Unterzeichnung des Notarvertrages. Es hätte z.B. auch der Handschlag mit dem Käufer bei Übereinkunft sein können oder die Übergabe des Hausschlüssels sein können. Wichtig ist nur, daß es für Sie anzeigt, daß das Probem in Ihrem Sinne gelöst wurde.

Die Programmierung dessen, was nicht sein soll, ist hingegen weniger direkt, weniger erfolgreich und kann sogar zu Irritationen führen. Bei einer Bestellung im Restaurant werden wir auch nicht sagen "Ich will kein Bier" und dann erwarten, daß uns der Ober prompt das Richtige bringt. Auch die Bezeichnung "ein heißes Getränk" ist nicht genau genug, wenn wir einen Tee mit Zitrone und Zucker wünschen. Je klarer und konkreter wir unser Anliegen bezeichnen, umso größer ist die Chance, daß es erfüllt wird. Genau so ist es, wenn wir in unserem Unbewußten zusätzliche Energien aktivieren. Die möglichst positive und konkrete Beschreibung des Zieles, das wir erreichen wollen, und die eindeutige Symbolisierung, an der wir erkennen können, daß die Verwirklichung eingetreten ist, verspricht den größten Erfolg.

4.2 Gefühle

Den Gefühlen und wie verantwortungsbewußt wir mit ihnen umgehen, kommt eine zentrale Bedeutung zu. Zum einen sind die Gefühle Ergebnis von Erlebnissen, Handlungen und Ereignissen, und zum anderen wiederum sind sie selbst Ursache und Triebfeder für weiteres Handeln und Verhalten.

Wir haben bereits gesehen, daß Gefühle nicht eine zwangsläufige Folge dessen sind, was ein anderer sagt oder getan hat, sondern mitbeeinflußt werden von unserem Weltbild, unseren Erinnerungen und Erwartungen. Je mehr wir uns dieses eigenen Anteils bewußt werden und zu ihm stehen, umso mehr Verantwortung übernehmen wir selbst für unsere Gefühle. Gleichzeitig wachsen damit unsere Möglichkeiten und unsere Bereitschaft, zielorientiert steuernd einzugreifen, statt überwiegend emotional zu reagieren.

Wenn uns "die Gefühle übermannen", so sagt der Volksmund beispielsweise: "blind vor Wut", "keinen klaren Gedanken mehr fassen", "außer sich vor Ärger" oder "im 7. Himmel". Dies drückt zum einen aus, daß unsere Wahrnehmung eingeschränkt ist - wir "blind" sind oder die Dinge durch eine "rosarote Brille"sehen. In Panik und Aufregung werden oft wichtige Informationen überhört oder übersehen, z.B. die Fluchttür oder ähnliches. Zum anderen entzieht sich unser Denken, zumindest in wesentlichen Teilen, unserem klaren Bewußtsein. Durch die Prüfungsangst fallen uns oft die einfachsten Antworten nicht mehr ein; anschließend, auf dem Nachhauseweg, ist uns die Antwort dann plötzlich bewußt, wir haben im entspannten Zustand wieder Zugang zu unserem Wissen. Im Streß oder in der Erregung der Auseinandersetzung fallen uns oftmals keine weiteren Handlungsalternativen und Erwiderungen mehr ein, bestenfalls noch Trotz oder Einigelung; vielleicht abends im Bett wird uns dann bewußt, was wir alles hätten sagen oder tun können. Wenn wir im Überschwang der Gefühle entweder in Ärger außer uns geraten oder in der Freude "abheben", so kann dies kaum der Weg sein, der zu uns selbst führt. Gefühle sind keine Alternative zum Denken; Ausgeglichenheit berücksichtigt beides sowohl Denken als auch Fühlen (vgl. 4.3 "Die Wahrheit des Paradoxen").

Offenbar gelangen wir zu Authentizität und kongruentem Handeln durch zunehmende Bewußtheit unseres Selbst, das dann auch im System - den Umständen entsprechend - die Steuerung unseres Verhaltens übernehmen kann. Gefühle können dabei eine wichtige Informationsfunktion übernehmen. Wir können umso konstruktiver mit unseren Gefühlen umgehen, je mehr wir sie akzeptieren und verstehen, selbst wenn dies durch ver-ständliche (Verstand) Denk-Modelle nur bis zu einem gewissen Grade möglich ist.

Im Sprachgebrauch wird oft nicht sauber getrennt zwischen Gefühlen und Sinnesempfindungen. Fassen wir einen kalten Türgriff an, so empfinden wir durch unseren Tastsinn die Kühle und sagen: "er fühlt sich kalt an". Das Gefühl der Kälte, z.B. während einer Verhandlung, hat hingegen einen ganz anderen Aussagegehalt.

Unsere allgemeine Grundstimmung, unsere Stimmungslage bestimmt mit, in welcher Weise wir unsere Wahrnehmung selektieren und auf uns wirken lassen. "Wie innen, so außen". Im Abschnitt 3.3 "Wer verstimmt ist, hat keine Resonanz für gute Klänge" haben wir bereits gesehen, welche Bedeutung der richtigen Einstimmung zukommt: Aus den zunächst oft diffusen Gestimmtheiten werden unter dem Einfluß von Reizen aktuelle Regungen, Gefühle. Diese haben eine konkretere und aktualisierte Erlebnisqualität, mitgeprägt aus unseren Wahrnehmungen und Wertungen.

Für das Verständnis der Gefühle und der später noch

zu behandelnden Möglichkeiten, selbststeuernd auf sie einzuwirken, können wir drei Grundelemente festhalten:

- Die Grundstimmung, wie wir uns einstimmen;
- Auslöser, Reize in ihrem entsprechenden Kontext;
- der indizierte Zustand, die aktualisierte Regung.

Jedes Gefühl hat auch einen körperlichen Bezug. Offenbar besteht eine Funktion der Gefühle darin, uns auch körperlich auf eine wahrgenommene Situation einzustimmen, um dann möglichst schnell reagieren zu können. In früheren Zeiten des Existenzkampfes ums physische Überleben war es wesentlich, auf Gefahr nicht mit Zutrauen zu reagieren, sondern die Bedrohung zu empfinden. Die Verhaltensalternativen waren im wesentlichen Angriff (Beseitigung der Gefahr) oder Flucht. Dazu waren Muskelkräfte gefordert, sei es in den Armen oder in den Beinen. Um möglichst viel Energie für die Muskeln zur Verfügung zu stellen, wurde sinnvollerweise die Zufuhr überall dort reduziert, wo es möglich war. Bei der Verdauung, die ja einen Großteil der Energie benötigt, konnte diese für einige Zeit erheblich vermindert werden, und der Volksmund sagt dementsprechend: "Das ist ihm auf den Magen geschlagen", oder "mir ist der Appetit vergangen". Die Durchblutung der Haut konnte ebenfalls eingeschränkt werden: "Er ist blaß vor Schreck oder Wut". Leider wurde auch die Durchblutung des Großhirns reduziert, weil in solchen Situationen schnelles Reagieren wichtiger war als das analytisch abwägende Denken.

Diese Mechanismen wirken auch heute noch im Menschen, obgleich in unserer komplizierteren Welt die meisten Probleme nicht mehr mit Muskelkraft gelöst werden können. Im Gegenteil, in den meisten Fällen wären ein kühler Kopf und klares Denken sehr viel hilfreicher. Von den Blockaden, die z.B. bei Angst oder Streßsituationen entstehen können, haben wir bereits gesprochen. Es ist also hilfreich, wenn wir sogenannten "negativen" Gefühlen so rechtzeitig entgegenwirken können, daß wir nicht in Wut und Aggression (Angriff) oder Niedergeschlagenheit und Depression (Flucht) hineingeraten, sondern einen Zustand stabilisieren, der für die Bewältigung unserer heutigen Probleme im allgemeinen förderlicher ist.

Viele negative Gefühle bis hin zur Wut oder Niedergeschlagenheit, haben ihren Ausgangspunkt in einer Ent-Täuschung. Eine Situation oder das Verhalten von Partnern ist nicht so, wie wir es erwarten, oder meinen, daß es sein sollte. Die Ent-Täuschung ist die Diskrepanz zwischen Realität und Erwartung, also zwischen dem, was wir wahrnehmen, und unserem Modell. Diese Abweichung wird als negativ (ungleich) empfunden. Überlassen wir uns diesem Gefühl, so kann es sein, daß dies zu Aggression oder Niedergeschlagenheit eskaliert mit all seinen oben genannten Beeinträchtigungen. Je stärker wir darin verstrickt sind, umso schwieriger ist der Weg hinaus.

Auf der anderen Seite bedeutet die Ent-Täuschung auch die Auflösung einer Täuschung. Wir erfahren, daß die Realität, wie sie sich uns nun zeigt, nicht unserer Erwartung entspricht, wie sie sein würde. Dies hat neben dem negativen auch einen positiven Aspekt: Bisher haben sich unsere Planungen und Verhaltensweisen an einer Annahme orientiert, die nicht mit der Wirklichkeit übereinstimmt. Und Handlungen, die sich nicht an der Wirklichkeit orientieren, haben geringe Chancen, die mit ihnen verfolgten Ziele zu ver-wirklichen. Die Ent-Täuschung ermöglicht uns nunmehr, Handlungsalternativen zu entwickeln, die sich an der Realität orientieren und dadurch letztendlich erfolgreicher sein können.

Natürlich ist es verständlich, wenn wir zunächst z.B. Trauer empfinden, falls wir beispielsweise erwartet haben, auf die Hilfsbereitschaft und Unterstützung einer Person vertrauen zu können, und nun feststellen müssen, daß sie hierzu nicht bereit ist, vielleicht sogar die Situation egoistisch zu unseren Lasten für sich ausnutzen will. Wenn die Realität aber so ist, dann würde es uns auch nicht helfen, wenn die Ent-Täuschung nicht erfolgen würde, wir also weiterhin in einer Täuschung lebten und uns entsprechend verhielten - im Gegenteil. Viele negative Gefühle eskalieren und viel emotionale Energie wird vertan, weil wir oft die Realität nicht akzeptieren wollen. Wir kämpfen dann gegen Windmühlen.

Gelingt es uns, auch diesen positiven Aspekt der Ent-Täuschung zu sehen, so sind wir einen Schritt weitergekommen in der Akzeptanz der Realität. Es ist, was ist. Wenn wir dies so akzeptieren, können wir auch alte Erwartungen los-lassen, einen Schritt hin zur Ge-lassen-heit tun. Es geht hierbei nicht darum, das Negative zu verdrängen und nur das Positive zu beachten. Wir haben zwar schon gesehen, daß wir mit einer positiven Grundeinstimmung eine bessere Resonanz haben, Positives zu empfangen. Aber auch sogenannte "negative" Informationen können für uns durchaus "positiv" sein. Wenn wir z.B. mit einem Auto eine Reise antreten, es eilig haben und dann feststellen, daß die Fahrbahn durch Nässe oder Glatteis gefährlich geworden ist, ergibt es wenig Sinn, mit "positivem Denken" davon auszugehen, uns könne nichts passieren. Vielmehr geht es darum, die Informationen über die Realität so zu nehmen, wie sie sind, und darauf unser Verhalten einzurichten, ohne in eine negative Gefühlslage zu verfallen. Vorsichtiges Fahren, nicht aggressives Verhalten ist hilfreich, um unfallfrei anzukommen.

In der Drei-S-Methode sollen die Gefühle weder unterdrückt werden - um dann unbewußt und damit unkontrolliert doch einzuwirken noch soll ihnen die Herrschaft über unser Verhalten überlassen werden. Ziel ist vielmehr der bewußte Umgang mit unseren Gefühlen.

Sie eröffnen uns auf diese Weise Zugang zu einer Reihe von Informationen über die Beurteilung unserer Wahrnehmungen, unseres Weltbildes, unserer Erwartungen etc. Die Gefühle wirken dann wie eine Lupe, durch die wir bei genauerem Hinsehen unsere Befindlichkeit - unseren Standort in unserem Modell - und unsere Einstimmung besser betrachten können.

Erkennen wir in uns eine angespannte unkonstruktive Grundstimmung, die uns eher blockiert, als den Zugang zu unseren Energien und Ressourcen zu ermöglichen, so können wir bewußt darauf einwirken, uns besser einzustimmen, bevor der Zustand durch weitere Reize noch eskaliert. Je besser wir wissen, was uns in eine positive ausgeglichene Stimmungslage versetzt, umso erfolgreicher können wir uns entsprechend einstimmen. Hierzu genügen oftmals schon kleine Rituale der Besinnung, die Erinnerung an positive vergangene Erlebnisse oder die Vorfreude der Erreichung angestrebter Ziele. Die Aktivierung unserer mentalen Energie kann hier genau so hilfreich sein wie die in diesem Buch gleichfalls behandelte bewußte Meditation.

Im Reiz-Reaktions-Schema sind wir darauf konditioniert, daß bestimmte Auslöser entsprechende Gefühle in uns hervorrufen, die dann zu eingeübten Verhaltensweisen führen. Mit den in uns gespeicherten Programmen haben wir uns bereits im Abschnitt 3.2 befaßt. Bei der Überprüfung, ob wir mit dem einmal Gelernten und seinen Ergebnissen heute noch zufrieden sind, können uns gerade unsere Gefühle gut Auskunft geben. Halten wir andere Resultate aus unserer heutigen Sicht für sinnvoller, so können wir dazu übergehen, bewußt entsprechende Auslöser zu setzen, d.h., wir üben neue absichtlich herbeigeführte Reiz-Reaktions-Konditionierungen ein. Führen beispielsweise die in einer Sitzung auf uns gerichteten Blicke anderer zu einem Gefühl der Unsicherheit und der Inkompetenz mit entsprechend reduziertem Verhalten, so kann es sinnvoll sein, den Auslöser (die Blicke der anderen in der Sitzung) mit einem neuen Programm zu versehen, z.B. der Kompetenz und des Anerkanntwerdens. Dem Auslöser in bestimmten Situationen werden also neue Gefühlsreaktionen und Verhaltensweisen zugeordnet, und diese werden programmiert. Zum anderen kann es sein, daß wir in einer bestimmten Situation mit entsprechenden Gefühlen und Verhaltensweisen reagieren, die wir auch in einer anderen Situation zur Verfügung haben möchten. Dann geht es darum, zu diesem Programm zusätzlich einen weiteren Auslöser zu "installieren", den wir bewußt von uns aus in der zweiten Situation betätigen können, (vergl. hierzu auch 5.1 "Verändern der uns steuernden Programme").

Für das Erlernen ist es gleichgültig, ob es in der Wirklichkeit geschieht oder durch Vorstellungen. Entscheidend ist die Identität des inneren Erlebens und die Identifikation.

Sind wir, z.B. durch Enttäuschung, bereits so weit in eine negative Gefühlslage hineingeraten (mit ihr assoziiert), so kann es sinnvoll sein, Abstand zu gewinnen, also vom nur Betroffenen zum Betrachter zu werden. Viele Seminarteilnehmer haben beste Erfolge damit erzielt, für solche Fälle die Worte "wie interessant" als Auslöser so einzuüben, daß sie aus einer negativen Gefühlslage in eine ausgeglichene Verfassung zurückgelangen. Probieren Sie es einmal selbst aus, wenn Sie das nächste Mal Ärger verspüren. Selbstverständlich können Sie auch einen anderen Auslöser ver-wenden; aber die Rückmeldungen zeigen, daß die Worte "wie interessant" offenbar besonders schnell und effektiv wirken.

Aus der Beziehung zwischen Gefühlen und Körper ergibt sich, daß Gefühlsregungen auch körperlichen Widerhall finden. Wir können dies bei anderen, aber auch bei uns beobachten (Körpersprache). Dies kann sich z.B. äußern in der Körperhaltung, der Gestik, der Mimik oder der Stimmlage (wenn jemand z.B. "vor Gram gebeugt"ist). Die Beobachtung körperlicher Signale kann uns also Informationen über die Stimmungslage geben. Andererseits können wir jedoch auch umgekehrt durch Veränderung unserer Körperhaltung bis zu einem gewissen Grade unsere Gefühlslage beeinflussen.

Der bewußte Umgang mit Gefühlen soll uns in eine Stimmungslage einschwingen, die es uns ermöglicht, unsere Wahrnehmungen und unsere Vorerfahrungen entsprechend zu würdigen und orientiert an unseren Zielen entsprechende Verhaltensalternativen zu entwickeln. Je besser es uns gelingt, stimmungsmäßige Blockaden zu vermeiden, umso mehr haben wir Zugang zu all unseren Energien und Ressourcen.

4.3 Die Wahrheit des Paradoxen

Viele Gegenstände, Eigenschaften, Fähigkeiten, Bewertungen etc. werden uns im Leben als ein Paar von Gegensätzen bewußt, z.B. Tag - Nacht, Ebbe - Flut, hell - dunkel, kalt - warm, laut - leise, Liebe - Haß oder gut - böse. Wir sind geneigt, sie als Gegensätze aufzufassen, d. h., wir gehen davon aus, daß das eine das andere ausschließt. Wir meinen also, wenn wir für das eine sind, müssen wir uns gegen das andere entscheiden. Dies führt zu einem Denken des Entweder-Oder.

Bei Dingen wie Ebbe und Flut oder Einatmen und Ausatmen wird uns aber schnell deutlich, daß es sich nicht um zwei Gegensätze handelt, die einander ausschließen, sondern um zwei Pole, die nur gemeinsam existieren. Wir kennen sie als zwei Aspekte einer Sache, die zusammengehören wie die beiden Seiten einer Münze. In unserer realen Welt kann unter den Ge-setzen von Raum und Zeit, in denen Dinge, die wir gleichzeitig im Zusammenhang denken können, sich nur hintereinander - linear - verwirklichen lassen, jeweils zur gleichen Zeit am gleichen Ort nur eines sein, und doch gehören beide zusammen. Ohne die Ebbe gäbe es keine Flut, ohne Einatmen kein Ausatmen. Wir können nicht auf Dauer das eine haben und das andere nicht. Also ergibt es auch wenig Sinn, das eine zu ak-zeptieren und das andere abzulehnen. Dies führt uns zum Denken des **Sowohl-Als-Auch.**

Sind die Zyklen der Schwingungen von einem Zustand zum anderen für uns noch überschaubar, so sind wir bereit, sie als zusammengehörig anzuerkennen. In vielen Fällen aber - gerade, wenn es um abstrakte Begriffe oder Bewertungen geht - glauben wir noch, das eine zu verhindern, wenn wir uns für das andere entscheiden. Manche der heute zutage tretenden ökologischen Spätfolgen können wahrscheinlich darauf zurückgeführt werden, daß versucht wurde, den Gegenpol einer Maßnahme zu leugnen und damit auch nicht zu berücksichtigen. Das Prinzip der Entsprechung, welches wir in einem vorangehenden Abschnitt kennengelernt haben, legt es nahe, davon auszugehen, daß auf allen Ebenen gilt: Gegensätze schließen sich nicht gegenseitig aus, sondern gehören zusammen; sie ergänzen sich erst zu einem Ganzen.

Das **vierte hermetische Prinzip der Polarität** besagt:

"Alles ist zwiefach, alles hat 2 Pole, alles hat ein Paar von Gegensätzlichkeiten; gleich und ungleich ist dasselbe; Gegensätze sind identisch in der Natur, nur verschieden im Grad; Extreme berühren sich; alle Wahrheiten sind nur halbe Wahrheiten; alle Widersprüche können miteinander in Einklang gebracht werden."

Und das **fünfte hermetische Prinzip des Rhythmus** ergänzt:

"Alles fließt aus und ein, alles hat seine Gezeiten, alle Dinge steigen und fallen, das Schwingen des Pendels zeigt sich in allem; das Maß des Schwunges nach rechts ist das Maß des Schwunges nach links; Rhythmus kompensiert."

Diese beiden Prinzipien verdeutlichen uns, daß es Leben ohne Rhythmus nicht gibt. Entgegengesetzte Pole gehören zusammen und sind im Rhythmus vereint. Wenn wir den Lebensrhythmus einer Sache bejahen, dann müssen wir auch seine beiden Pole akzeptieren.

Das fällt nicht immer leicht, und wir sind natürlich bemüht, für uns unliebsame Ausschläge zu vermeiden. In der physikalischen Welt haben wir gelernt, daß wir Gesetzmäßigkeiten nicht außer Kraft setzen können. Z.B. gilt das Fallgesetz, das besagt, daß Gegenstände aufgrund der Erdanziehung zu Boden fallen, immer - gleichgültig, ob der Betreffende dieses Gesetz kennt oder nicht. Aber auch die Kenntnis der Gesetzmäßigkeit ermöglicht uns nicht, sie außer Kraft zu setzen. Demnach haben wir durch Physik und Technik gelernt, eine Reihe von naturwissenschaftlichen Gesetzmäßigkeiten in unserem Sinne zu nutzen. Wir können heute Dinge verwirklichen, die wir ohne die Kenntnis der Gesetze und ihres zielorientierten Einsatzes nie erreicht hätten. Wenn wir allein an die Flugtechnik oder an die Raumfahrt denken, dann können wir wahrlich von einem Wunder der Technik sprechen.

Gesetzmäßigkeiten gelten aber nicht nur im materiellen, sondern auch im geistigen Bereich. Und solange wir dort diese Gesetze nicht erkennen und akzeptieren, werden wir sie auch nicht beherrschen und für uns nutzen können.

Auch wenn jemandem der Sommer weitaus lieber ist als der Winter mit seiner Kälte, so wird er dennoch den Lauf der Jahreszeiten nicht unterbinden können. Aber er kann, wenn er Vorsorge getroffen hat und sich entsprechend auskennt, zur Winterzeit in eine Gegend reisen, in der jetzt gerade ein sommerliches Klima herrscht. Durch einen Wechsel der Region vermeiden wir es, den "Pol" Winter zu erleben, und begeben uns wieder zum "Pol" Sommer. Die hermetischen Lehren sagen, daß die Kundigen sich auch im geistigen Bereich auf eine andere Ebene einschwingen können, um nicht gewünschte Polaritäten zu vermeiden, und zwar ohne damit das entsprechende Prinzip zu bekämpfen. Vielmehr nutzen die Kundigen im Gegenteil die Gesetzmäßigkeiten von Polarität und Rhythmus.

Mit der bewußten Meditation können wir uns gezielt von der äußeren Bewußtseinsebene auf die innere begeben. Dies ist z.B. auch in Streßsituationen möglich oder wenn wir uns in äußeren Reaktionen verstrickt und festgefahren haben. Wir haben außerdem im Abschnitt 1 dieses Kapitels bei der Arbeit mit unserem geistigen Bildschirm gesehen, wie wir auf dieser Ebene trennende Gegensätze überwinden können. Wir sind in der Lage, Situationen hervorzurufen, die uns auf entsprechende Stimmungen einschwingen, und können damit entsprechende Fähigkeiten erschließen und Begrenzungen aufheben.

Bei der Drei-S-Methode kommt in diesem Zusammenhang gerade dem im Abschnitt 2 dieses Kapitels behandelten Segment "Gefühle" für die Selbststeuerung entscheidende Bedeutung zu. Verbleiben wir auf der Ebene der Emotion, der Reaktion auf Wahrnehmung und Bewertung, so bleibt unser Verhalten gefühlsgesteuert in den Schwingungen, die einmal ausgelöst wurden. Statt rein assoziiert nur diesem Rhythmus zu folgen, können wir uns jedoch auch dissoziieren, d.h., wir werden vom Beteiligten zugleich zum Betrachter und gewinnen so Abstand. Auf diese Weise können wir uns auf eine andere Ebene einschwingen, auf der wir den Informationsgehalt der Erregung erkennen können - z.B. die Diskrepanz zwischen unserer Wahrnehmung und unserer Erwartung -, ohne in dieser Erregung weiterschwingen zu müssen. Wir haben bei der Drei-S-Methode das Schlüsselwort "wie interessant" kennengelernt, das wir als Auslöser eintrainieren können, um unser Bewußt-sein von der erregten Ebene der Emotion zu lösen auf eine andere Ebene unserer Identität, auf der wir durch Abstand Übersicht und wieder die Freiheit zum konstruktiven Denken gewinnen.

Wir müssen uns von dem einmal in Gang gesetzten Pendel **lösen,** wenn wir zu **Lösungen** kommen wollen. Wir haben dies in der Hand, sobald es uns bewußt wird. Von einer entfernten Insel wird berichtet, daß dort die Eingeborenen Affen fangen, indem sie kleine Käfige aufhängen, in denen sie Bananen deponieren. Die Stäbe sind so eng, daß der Affe zwar mit seiner Hand hindurch kann, um die Banane zu greifen, aber wenn er die Banane gegriffen hat, die Faust nicht mehr herausbekommt. Da der Affe nicht loslassen will, was er einmal gepackt hat, hängt er fest und wird gefangen. Würde er loslassen, gewänne er seine Freiheit zurück und könnte in Ruhe darangehen, anderweitig seine Nahrung auf gefahrlosere Weise zu suchen.

Diese kleine Geschichte kann uns lehren, daß das Festhalten, auch an einmal gefaßten Meinungen und Bewertungen, uns zu deren Gefangenen macht und der Freiheit des eigenen Handelns beraubt. Loslassen bringt Erlösung; wir können uns besinnen auf uns und was wir wirklich wollen.

Eine weitere Schlußfolgerung ermöglicht uns das Prinzip der Polarität aus der Lehre "Gegensätze sind identisch in der Natur, nur verschieden im Grad". Kalt und warm sind unterschiedliche Bewertungen der Natur. Eine Außentemperatur, die wir im Winter als warm bezeichnen mögen, würden wir im Sommer eher als kühl oder kalt einstufen. Ähnlich steht es mit anderen Bewertungen, wie z.B. viel oder wenig. Sie sind relativ und bilden erst im Zusammenhang mit der Situation, dem Kontext, eine wirkliche Aussage. Wenn uns Dinge einmal so und einmal anders erscheinen bzw. entsprechend den Umständen unterschiedlich bewertet werden, so sprechen wir von Relativität und dem **Sowohl-Als-Auch-Denken.** Der Unterschied liegt zumeist eher in unserer wechselnden Bewertung als darin, daß sich tatsächlich das Ding selbst verändert. Vielfach sagen die Bewertungen weniger über die betrachteten Dinge aus als über unsere Einstellung und unsere Beziehung zu ihnen. Was uns gerade noch als erstrebenswert und gut erschien, verliert im Übermaß an Reiz.

Dort, wo Ereignisse <u>weder</u> gut <u>noch</u> schlecht sind, sondern erst durch unsere Bewertung werden, können wir vom Entweder-Oder über das Sowohl-Als-Auch zum Denken im "Weder-Noch" gelangen.

Das Kind bezeichnet vielleicht noch den Tisch als böse, wenn es sich an ihm gestoßen hat. Was hat der

Tisch getan, das diese Bewertung verdient? Mit zunehmender Erkenntnis wird das Kind nicht mehr den Tisch verantwortlich machen, sondern sein eigenes Verhalten ändern. Dies sind kleine Begebenheiten; aber was im kleinen gilt, gilt auch im großen. Eine solche Haltung, auf größere Geschehnisse angewandt, kann uns dazu führen, Gegebenheiten nicht als Schicksal zu sehen, das es böse mit uns meint, sondern als Ereignisse, auf die wir unser weiteres Verhalten einstellen müssen. Sobald wir nicht mehr mit dem Schicksal hadern und nicht in der Zukunft Dinge aus der Vergangenheit zurückgewinnen wollen, werden wir aufnahmebereit für die erfreulichen zusätzlichen Möglichkeiten, die uns die zunächst schmerzlich erscheinende Situation eröffnet. Eine solche versöhnliche Einstellung erlaubt es uns, nicht nur den bedrückenden Teil, z.B. den Verlust einer Position, zu erleben, sondern auch den konstruktiven Aspekt, der uns frei macht für neue Ziele. Diese mögen auf Wünsche zurückgehen, die wir schon lange haben und in der so schmerzlich verlorenen Situation nicht verwirklichen konnten.

Vielleicht schöpfen wir noch zusätzliche Zuversicht aus dem Prinzip des Rhythmus, das u.a. auch besagt: "Das Maß des Schwunges nach rechts ist das Maß des Schwunges nach links." Möglicherweise müssen wir jedoch unsere bisherigen Wertsysteme überdenken, wenn wir dies auch für uns positiv erleben wollen.

Wenn wir Gegensätze verstehen als in der Natur gleich aber unterschiedlich im Grad, so werden wir auch Stärken und Schwächen als etwas Zusammengehöriges betrachten. Die Intensität, mit der wir eine Fähigkeit einsetzen, entscheidet, ob es eine Stärke oder eine Schwäche ist: Was zunächst noch als Ordnungssinn eine Stärke von uns sein kann, wird in der Übertreibung zur Pedanterie; der Pünktlichkeitsfanatismus ist die Schwäche, die in ihrer maßvollen Ausgestaltung als Zuverlässigkeit gelobt wird. Diese Erkenntnis kann uns dabei unterstützen, durch Veränderung der Intensität aus unseren Schwächen Stärken zu machen. Oftmals läßt sich dies durch geringeren Energieeinsatz als bisher erreichen. Es mag zwar zunächst paradox klingen, daß wir durch geringeren Energieeinsatz erfolgreicher sein können. Bilden Gegensätze aber erst eine Einheit, so liegt die Wahrheit im Paradoxen. Die Erkenntnis des Paradoxen liegt darin, daß wir zwei Seiten einer Medaille gleichzeitig sehen.

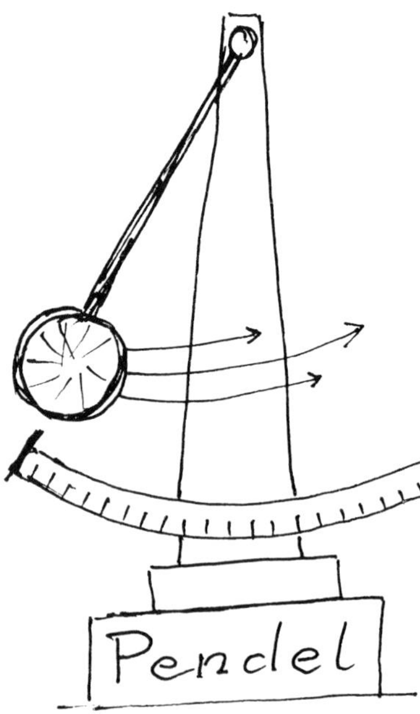

5.1 Verändern der Programme, die uns steuern

Den geistigen Bildschirm, den wir kennengelernt haben, können wir auch dazu benutzen, uns eine Situation aus der Vergangenheit, in der wir sehr erfolgreich waren, in Erinnerung zurückzurufen, sie auf den Bildschirm zu projizieren und nochmals zu erleben.

Diese Übung ist zum einen hilfreich, um uns im Umgang mit dem geistigen Bildschirm vertraut zu machen. Das nochmalige Erleben einer Situation, die wir erfolgreich gemeistert, in der wir vielleicht sogar Hindernissen zum Trotz Ergebnisse erzielt haben, welche man uns zuvor nicht zutraute, sowie das nochmalige Bewußtwerden der damals empfundenen Gefühle von Freude, Stärke, Glück, Stolz etc., stärken auch jetzt unser Selbstbewußtsein. Dies kann uns in vielen Situationen helfen.

Die Übung erfolgt in der uns jetzt schon bekannten Weise: Wir zählen zunächst von 3 bis 1, dann von 7 bis 1 und begeben uns auf unsere innere Bewußtseinsebene und weiter auf unseren Entspannungsort. Neben eventuellen anderen Übungen, die wir später noch behandeln werden, visualisieren wir auf unserem Bildschirm die erfolgreich gemeisterte Situation. Dann wenden wir uns von dem Bildschirm wieder ab. Dabei können wir uns nochmals bewußt machen, daß die Fähigkeiten, die uns damals geholfen haben, Situationen so erfolgreich zu gestalten, uns auch heute noch zur Verfügung stehen. Dann verabschieden wir uns von unserem Entspannungsort. Wir zählen von 1 bis 5 und kehren zurück auf die äußere Bewußtseinsebene.

Die Energien dieses Selbstbewußtseins der in uns vorhandenen Fähigkeiten können wir über die allgemeine positive Wirkung hinaus in einer weiteren Übung gezielt einsetzen. Wir können sie benutzen für die

Lösung von Problemen, für das Verändern von Programmen, die uns steuern und mit deren Ergebnis wir nicht zufrieden sind.

Solche Programme können beispielsweise negative Verhaltensweisen sein, mit denen wir stereotyp auf bestimmte Situationen reagieren. Derartige Verhaltensweisen haben sich durch schlechte Angewohnheiten, Erziehung oder andere Faktoren so verfestigt, daß sie in gewissen Situationen immer wieder automatisch in Erscheinung treten, ohne daß man darüber nachdenkt. Durch besondere Übung lassen sich negative Programme löschen, indem man sie durch positive ersetzt.

Bei dieser Übung gehen wir wie folgt vor:
Zunächst machen wir uns deutlich, welches Problem wir bearbeiten wollen. Dies können Vorgänge sein, die in gleicher oder ähnlicher Weise immer wieder geschehen und in einer Situation enden, mit der wir nicht zufrieden sind. Es können aber auch einmalige Themen sein, für die wir noch keine Lösung gefunden haben.

Jetzt zählen wir in der uns schon bekannten Weise von 3 bis 1 und von 7 bis 1, begeben uns auf unsere innere Bewußtseinsebene und weiter zu unserem persönlichen Entspannungsort.

Hier beginnt nun unsere eigentliche Übung. Wir visualisieren unseren Bildschirm. Nun lassen wir darauf einen Film ablaufen, der die Situation zeigt, die wir verändern wollen. Jetzt blenden wir diesen Film aus und lassen stattdessen Szenen ablaufen, die uns in einer sehr erfolgreichen Situation zeigen, die nicht mit der vorhergehenden Situation zusammenhängen muß. Möglicherweise ist es das gleiche Geschehen, das wir schon früher aufgerufen haben, um uns unserer Ressourcen und Fähigkeiten bewußt zu werden. Auch hier erleben wir die Szene mit möglichst all unseren Sinnen. Wenn wir nun auch diesen Film ausblenden, behalten wir jedoch das Gefühl von Erfolg, von unseren Stärken, von unserer Energie und unserem Leistungsvermögen. Nun lassen wir den Film über das Thema, das wir bearbeiten wollen, nochmals ablaufen. Möglicherweise hat er sich bereits jetzt schon in dem von uns angestrebten Sinne verändert. Falls wir mit dem Ergebnis noch nicht zufrieden sind, lassen wir ihn noch einmal rückwärts laufen, verfremden ihn eventuell, indem wir eine muntere Melodie unterlegen oder einen humorvollen Kommentator einblenden, oder was immer uns hier einfallen mag. Häufig haben wir bereits nach zwei- oder dreimaligem Durchlauf einen veränderten Ablauf der von uns bearbeiteten Situation. Oftmals ist das Ergebnis für uns direkt zufriedenstellend und einleuchtend. Manchmal ist es auch eher verblüffend und noch rätselhaft; wir bestätigen uns dann die Gewißheit: Wenn wir jetzt auf die äußere Bewußtseinsebene zurückkehren, wird uns unser Unbewußtes in Kürze den Sinn seiner Lösung offenbaren.

Wir beenden die Übung, indem wir uns vom Bildschirm abwenden, uns vom Entspannungsort verabschieden und durch das bekannte Zählen von 1 bis 5 wieder auf die äußere Bewußtseinsebene zurückbegeben.

Eine Variante der zuvor beschriebenen Übung besteht darin, daß wir nach der Visualisierung des Bildschirms statt ganzer Filmszenen Bilder wie Dias aufrufen, die die jeweilige Situation symbolisieren. Wir lassen zunächst das Bild erscheinen, das die zu bearbeitende Situation darstellt. Möglichst nehmen wir auch die dazugehörigen Texte, unsere Gefühle etc. wahr. Dann verschieben wir das Bild in die linke Seite und erleben nunmehr das Bild unserer Erfolgssituation. Nachdem wir auch dies mit den positiven Gefühlen erlebt haben, schieben wir das Bild in die rechte Seite des Bildschirms. Danach schieben wir beide Bilder von rechts und links auf dem Bildschirm ineinander, so daß ein neues Bild entstehen kann. Vielfach haben Kursteilnehmer bereits bei einer solchen ersten Übungseinheit ein Bilderlebnis, das ihnen die Antwort zu ihrem Thema gibt.

Bei den Kursteilnehmerinnen und Kursteilnehmern ist zumeist eine kurze, unbewußte und ruckartige Körperbewegung zu beobachten, wenn sie während ihrer Meditationssitzung bei der Filmbearbeitung oder der Bildverschiebung ihre Lösung finden. Teilweise ist die Lösung sofort auch für das Bewußtsein einleuchtend, teilweise offenbart sich ihr Sinn erst später.

Einige Beispiele sollen die Fülle der Möglichkeiten andeuten.

Ein Teilnehmer, der Monate zuvor eines unserer Seminare besucht hatte, berichtete von seiner Erfahrung bei der anschließenden Anwendung dieser Methode. Er stand im Wettbewerb mit einem Kollegen um die Nachfolge des in Kürze ausscheidenden Abteilungsleiters. Immer wieder erlebte er, wie es seinem Konkurrenten gelang, sich bei Sitzungen ins bessere Licht zu rücken. Dies wollte er bearbeiten. Er erwartete, nun einen "Lösungsfilm" zu sehen, der ihn selbst in der besseren Rolle gegenüber seinem Kollegen zeigte. Tatsächlich sah er sich aber auf dem Film das Verwaltungsgebäude seiner Firma verlassen, um dann ein ihm fremdes Bürogebäude zu betreten. Einige Tage später fiel ihm in der Zeitung eine Stellenanzeige für eine Führungsposition auf. Er erinnerte sich an seinen Film und bewarb sich, obgleich über die Nachfolge im eigenen Hause noch nicht entschieden worden war. Er bekam die neue Stelle, die ihn im Hinblick auf Aufgabenbereich, Verantwortung und Gehalt mehr als befriedigte. Als wir ihn jetzt wieder trafen, hatte er gerade kurz zuvor gehört, daß das Unternehmen, das er inzwischen verlassen hat, mit Absatzschwierigkeiten kämpft sowie Sparmaßnahmen eingeleitet hat und daß sein früherer Kollege und Mitbewerber die Abteilungsleiterfunktion zunächst nur kommissarisch ausübt.

Es scheint so, als ob unser Unbewußtes oft schon früher über Informationen verfügt. Gewinnen wir unser Unbewußtes zu unserem Freund und halten Kontakt zu ihm, dann kann es dieses Wissen in unserem Sinne anwenden.

Eine andere Teilnehmerin, die erfolgreich als Verkaufsrepräsentantin tätig war, berichtete nach einer solchen Übung, daß sie die zumeist unerfreulich verlaufenden Besuche bei ihrer Mutter zum Thema gewählt hatte. Sie hielt sich für eine gute Tochter, die recht häufig ihre in der gleichen Stadt wohnende Mutter besuchte. Obgleich sie es sich immer wieder anders vornahm, endeten die Besuche zumeist mit gegenseitigen Vorwürfen mangelnden Verständnisses für den anderen. Als positives Erlebnis hatte sie sich einen Kundenbesuch in Erinnerung gerufen, der ihr zeigte, wie sie selbst in schwierigen Situationen eine gute, entspannte und konstruktive Atmosphäre schaffen konnte. Bei der Bildverschiebung wurde ihr dann plötzlich klar: Bei dem Kunden stellte sie sich auf ihn ein, ließ ihn ausreden, hörte ihm zu und brachte dann darauf aufbauend ihr Anliegen vor. All dies hatte sie bei ihrer Mutter vernachlässigt; sie war praktisch mit dem, was sie gerade beschäftigte, bei ihrer Mutter hereingeplatzt, davon ausgehend, daß dies auch für ihre Mutter interessant sein müßte und sie damit etwas hätten, was sie verbinden würde. Nach der Übung mußte sie richtig lachen: "Warum ist mir das eigentlich nicht früher aufgefallen? Alles, was ich sonst so bewußt und erfolgreich einsetze, ist mir bei meiner Mutter gar nicht in den Sinn gekommen."

In der Tat scheint es so zu sein, daß wir oftmals über Wissen und Fähigkeiten verfügen, die wir in vielen Situationen erfolgreich anwenden, während uns unter bestimmten Umständen nicht bewußt wird, daß wir sie auch hier sinnvoll und nutzbringend einsetzen könnten. Wenn dies lang genug anhält, glauben wir vielleicht, daß das vorliegende Problem für uns nicht zu lösen sei, nur, weil wir in uns vorhandene Fertigkeiten nicht im Zusammenhang zum anstehenden Thema sehen. Mit der Bewußtwerdung haben wir bereits den Schlüssel für die Lösung.

Bei Gewohnheiten, die wir verändern wollen, wissen wir oftmals die Lösung, die wir anstreben, aber wir schaffen es nicht, sie zu verwirklichen. Wenn die konkrete Situation eintritt, dann ist es so, als würden unsere Ziele ausgeblendet und wir müßten anderen Programmen folgen. Wir haben uns vorgenommen, weniger zu rauchen, zu trinken oder ähnliches, und wenn wir dann gemütlich zusammensitzen, sind alle guten Vorsätze vergessen - erst später kehren sie reumütig zurück. Oder im Straßenverkehr wissen wir, daß Besonnenheit und Nachsicht uns sicherer ans Ziel bringen; aber wenn ein anderer Verkehrsteilnehmer die eigenen Bahnen stört, dann heißt es für manche nur noch: "Dem werd' ich es jetzt aber zeigen!" Hier können wir nun unser zu bearbeitendes Thema in Verbindung bringen mit anderen Situationen, in denen wir z.B. Standhaftigkeit (bei der Gewohnheit des Rauchens, Trinkens) oder Gelassenheit im Verkehr assoziieren. Wir sehen uns dann auf unserem geistigen Bildschirm, wie wir uns in der thematisierten Situation genau in der Weise verhalten, wie wir es uns vornehmen wollen. Je intensiver wir dies erleben, umso enger bringen wir die Gegebenheit in Zusammenhang mit der von uns angestrebten Lösung.

Gerade bei Programmen und Verhaltensweisen, die wir vielleicht über Jahre hinweg praktiziert haben, ist eine nachhaltige Änderung zumeist nicht direkt nach der ersten Übung gesichert. Hier ist es notwendig, eine Zeitlang verstärkend einzuwirken. Nach mehreren Übungen genügt es, nur noch das Symbolbild für die Lösung oder die Endfassung des Filmes auf unseren Bildschirm aufzurufen, d.h., wir sehen zunächst die Ausgangssituation und direkt danach unser Verhalten in der angestrebten positiven Weise. Die Neuprogrammierung ist dann nachhaltig abgeschlossen, wenn wir auf die Ausgangssituation ohne besondere bewußte Anstrengung direkt in der Weise reagieren, wie wir es uns vorgenommen haben. Dabei können wir zum Teil diesen Vorgang auch mit Bewußtheit unterstützen. Vergleichen Sie hierzu den im Abschnitt 4.2 im Rahmen der Drei-S-Methode dargestellten Auslöser "wie interessant", der uns in eine ausgeglichenere Gefühlslage versetzen kann.

Vielleicht erkennen wir bei der Film- oder Bildbearbeitung auch bestimmte Veränderungen unserer Körperhaltung, Stimmlage oder Ausdrucksweise zwischen der ursprünglichen Problemsituation und der Lösung. Dann können wir uns unterstützend darum bemühen, in entsprechenden Situationen bewußt die mit der Lösung verbundene Haltung einzunehmen. Viele der Ergebnisse können wir mit unserem Bewußtsein nachempfinden. Dies gibt uns dann eine gute Basis, beide Ebenen harmonisch miteinander zu verbinden.

Die geistige Bearbeitung eines Themas mit unserem Bildschirm auf unserer inneren Bewußtseinsebene ermöglicht es uns, eine Situation mehrfach mit Veränderungen durchzuspielen und zu erleben, losgelöst von den unmittelbaren Zwängen des Hier und Jetzt und der realen Gegebenheiten. Dadurch, daß wir uns im Rahmen der Übung in eine Grundhaltung aus einer erfolgreichen Situation einstimmen, können wir diese Schwingungen jetzt mit übernehmen in die Lösung des von uns zu bearbeitenden Themas. Da wir außerdem nicht nur an der zu bearbeitenden Szene auf dem Bildschirm beteiligt sind, sondern gleichzeitig der außenstehende Betrachter - und noch dazu mit entsprechend kompetenter Grundhaltung - gewinnen wir an Abstand und damit an Übersicht. Eine humorvolle Einstellung kann unsere Offenheit für neue Lösungen fördern. Und das Los-Lassen von eingefahrenen Wegen kann die Lösung und Gelassenheit bringen.

5.2
Ziele und Alternativen

Haben wir keine Klarheit über unsere Ziele, so besteht die Gefahr, daß wir uns treiben und von äußeren Anregungen beeinflussen lassen, also nicht unseren Weg selbst steuern. Am Ende sind wir möglicherweise an einem Punkt angelangt, von dem wir sagen: "Hier wollte ich ja eigentlich gar nicht hin". Das kann sich schon bei Kleinigkeiten ergeben: Wir haben ein Wochenende vor uns, aber nicht überlegt, welche Ziele wir in dieser Zeit erreichen wollen; wir leben in den Tag hinein. Das kann in Ordnung sein, wenn es unser Wunsch war, einmal richtig auszuspannen. Wenn wir am Abend aber sagen:" Jetzt ist das ganze Wochenende vorbei, und ich wollte doch... (diesen Artikel lesen, mich auf ein Thema für die kommende Woche vorbereiten, einen Anruf erledigen, usw.", dann kann es sein, daß sich Unzufriedenheit einstellt und wir möglicherweise unserem Partner Vorwürfe machen, uns abgelenkt zu haben.

Ähnliches kann sich auch in einem Gesprächsablauf ergeben: Ein Vorgesetzter will einem Mitarbeiter seine Anerkennung für eine gut abgeschlossene Arbeit aussprechen und macht sich nicht genügend klar, daß es sein Ziel ist, ihm zu sagen, wie sehr er ihn schätzt und fördern will, um ihn auf neue Aufgaben vorzubereiten und zu motivieren. Als der Vorgesetzte zu ihm ins Zimmer kommt, beschäftigt der sich gerade mit einem Problem und nutzt die Gelegenheit, den Chef nach einer Information zu fragen. Wenn dieser nun die Antwort nicht parat hat, aber von sich verlangt, daß er es eigentlich wissen müßte, so kann es sein, daß Unmut in ihm aufkommt. Er vergißt eventuell seine ursprüngliche Absicht und erwidert:" Sie können aber auch gar nicht selbständig arbeiten". Möglicherweise nimmt dann das Gespräch einen völlig unerwünschten Verlauf. Statt den Mitarbeiter zu motivieren und für sich zu gewinnen, hat er ihn möglicherweise verloren.

Dies sind kleine Beispiele, wie wir bei unklarer Zielvorstellung aus "zufälligen" Anlässen den Weg, der zu unserem Ziel führen könnte, verlassen, und auf die neuen Impulse reagieren und weniger erfolgreich sind.

"Wer den Hafen nicht kennt, in den er segeln will, für den ist kein Wind ein günstiger." (Seneca)

Wenn wir unser Ziel (unseren Hafen) kennen, können wir auch zwischenzeitlich wind- und wetterbedingt die Richtung ändern und dennoch langfristig "auf Erfolgs-Kurs bleiben". Die Flexibilität, unsere kurzfristigen Ziele und Absichten, z.B. in einem Gesprächsverlauf, an die Realität, die Situation, die Verfassung und die Ziele unseres Partners anzupassen, ist letztendlich für die Zielerreichung erfolgreicher, als gegen den Wind zu segeln. Übrigens: Der erfolgreiche Segler kann selbst bei kräftigem Gegenwind durch Kreuzen sein Ziel besser erreichen als bei Flaute.

Das Setzen von Zielen klingt so einfach und selbstverständlich, und doch mangelt es uns oftmals an entsprechender Klarheit. Vielfach haben wir nur vage Vorstellungen und Wünsche. Entsprechend wird auch unser Handeln sein. Es ist umso konstruktiver und erfolgreicher, je besser es geeignet ist, unsere Ziele zu erreichen: Erfolg ist der Grad und die Art der Zielerreichung.

Was wollen wir erreichen, und in welchem Umfang gelingt uns dies (Grad)? Wie, in welcher Art und Weise, wollen wir dieses Ziel verwirklichen? Wie muß es gestaltet sein, damit wir anschließend zufrieden sind; wie sollen anschließend andere von uns denken?

Ausgangspunkt und Beurteilungsmaßstab für die Effizienz unseres Handelns sind also unsere Ziele. Dabei kann das, was für den einen erstrebenswert ist, für den anderen von geringer oder keiner Bedeutung sein.

Wesentlich ist, daß wir die uns gemäßen Ziele finden. Dies gilt kurz-, mittel- und langfristig, und zwar sowohl in der konkreten Handlungssituation als auch bei der Lebensplanung im ganzen.

Sind wir uns unserer langfristigen Zielvorstellungen bewußt, so können wir sie auch als Orientierungshilfe in mittel- oder kurzfristigen Situationen einstzen. Für das Ermitteln und Bestimmen unserer langfristigen Ziele, also um die Steuerung unseres Lebens eigenverantwortlich zu übernehmen, kann ein methodisches Vorgehen hilfreich sein. Es leitet uns an, mehr Bewußtheit darüber zu erlangen, was uns wirklich wichtig ist. Zum einen werden unsere Ziele z.B. abhängen von unserem Wertsystem und davon, wie wir die Möglichkeiten innerhalb unserer Umwelt wahrnehmen. Zum anderen prägen unsere Ziele sowohl unsere Handlungen als auch unsere Sinneswahrnehmung, denn wir haben bereits im Abschnitt 2.2 gesehen: Was für uns Bedeutung hat, hat auch eine größere Chance, von uns beachtet zu werden.

Für das Planen unserer langfristigen Ziele kann es sinnvoll sein, zunächst alle unsere Wünsche aufzulisten, also alles, was wir gerne tun würden, haben möchten und erreichen wollen. Die Intensität unseres Wunsches ist eine starke Triebfeder, uns auch für die Erreichung einzusetzen. Vieles, was wir hier aufschreiben, werden wir kaum oder nicht ohne weiteres erreichen können und zum Ziel erheben. Es kann aber hilfreich sein, um aus dem Trott eingefahrener Verhaltensweisen auszubrechen, zunächst einmal unserer Kreativität freien Raum zu lassen und auch unsere "Traum-Ziele" festzuhalten, wenn wir letztendlich "traumhafte" Ergebnisse erzielen wollen. Nehmen Sie sich hierfür genügend Zeit, Ihre Liste zu vervollständigen. Eventuell benutzen Sie auch die bewußte Meditation zur Ideenfindung.

Im zweiten Schritt untersuchen wir, inwieweit aus

diesen Wünschen Ziele für uns werden sollen. Sinnvoll ist es, diese Aufstellung schriftlich anzufertigen und für jeden neuen Wunsch eine neue Zeile zu wählen. Danach können wir hinter dieser Auflistung zwei Spalten einrichten: In die erste Spalte bringen wir einen Vermerk an, wenn wir Bedenken haben, ob aus diesem Wunsch für uns ein Ziel werden kann. Die zweite Spalte wird später dazu dienen, den verbleibenden Zielen eine Reihenfolge zu geben, also Prioritäten zu setzen.

Die Bedenken können unterschiedlich sein, und wir können sie mit verschiedenen Buchstaben kennzeichnen:

U = unrealistisch
K = Konflikt mit anderen Zielen
A = abhängig von zusätzlichen Maßnahmen,
wie z.B. Ausbildung, vorherige Erreichung anderer Ziele oder eines Zeitablaufes.

Unrealistisch (U) könnte es beispielsweise sein, Präsident der Vereinigten Staaten zu werden zu wollen. Die so gekennzeichneten Wünsche können entweder objektiv unmöglich sein oder an unserem subjektiven Unvermögen scheitern. Ist unser Wunsch jedoch extrem stark, so ist es vorstellbar, daß wir Möglichkeiten entwickeln, unser Unvermögen zu beseitigen oder Ersatzziele zu finden, die diesem Wunsch sehr nahekommen. In aller Regel werden die so gekennzeichneten Wünsche jedoch als Ziele ausscheiden.

Ein Zielkonflikt (K) kann z.B. vorliegen, wenn wir in derselben Zeit einerseits für unsere Firma an einer Auslandsmesse teilnehmen und zum anderen mit unserer Familie in den Urlaub fahren wollen. Hier wird dann eine Entscheidung zu treffen sein, welches Anliegen uns wichtiger ist. Gelegentlich läßt sich eine Lösung dahingehend finden, daß wir unsere Absichten leicht variieren, z.B. beide Vorhaben dadurch realisieren, daß wir für den Urlaub einen anderen Termin finden. Oftmals läßt sich aber der Konflikt nicht mit solch einem konstruktiven Kompromiß lösen und es bleiben zwei miteinander konkurrierende Wünsche, wir haben also einen Zielkonflikt.

Abhängigkeiten (A), die es erschweren, aus Wünschen Ziele werden zu lassen, können beispielsweise gegeben sein, wenn es unser Wunsch ist zu studieren, wir aber noch keine Hochschulreife erworben haben. Hier müßten wir uns zunächst für ein vorangehendes Ziel - den Erwerb der Hochschulreife - entscheiden, bevor wir realistischerweise unseren Wunsch, zu studieren, als ein weiteres Ziel aufstellen. Wollen wir die notwendigen Maßnahmen nicht erfüllen oder halten sie für unerreichbar, so daß wir dies nicht als vorausgehendes Zwischenziel in unsere Liste aufnehmen können, dann bedeutet das "A", daß auch dieser Wunsch nicht zum Ziel werden kann.

Die Freiheit, aus einem Wunsch ernsthaft ein Ziel werden zu lassen, hängt wesentlich davon ab, ob wir bereit sind, die Konsequenzen zu tragen. Die Entscheidung für ein Ziel wird umso bewußter ausfallen, je klarer wir uns geworden sind, was das Ziel wirklich für uns bedeutet und welche Voraussetzungen oder Nebenwirkungen damit verbunden sind.

Wie realistisch und erstrebenswert wir ein Ziel einstufen, wird zum einen davon abhängen, wie wir unsere Umwelt mit den Chancen und Risiken der Zielerreichung einschätzen, z.B. die gegebene Situation und unsere Partner. Zum anderen wird sie beeinflußt durch unsere Beurteilung unserer eigenen Stärken und Schwächen bei der Zielerreichung, insbesondere, wenn wir dabei in Konkurrenz mit anderen treten. Vielfach ist es hilfreich, wenn wir die Argumente auflisten, die dafür oder dagegen sprechen, uns für dieses Ziel zu entscheiden. Bevor wir nun Pro und Contra gegeneinander abwägen, ist es häufig hilfreich, die Gegenargumente umzuformulieren: Was müßte sein, damit dieses Gegenargument nicht mehr gegeben ist, wie müßte also unser Ziel gestaltet werden? Dies kann uns helfen, vom Negativen zum Positiven zu kommen, und zwar in einer konstruktiven Weise, die nicht eine Schönfärberei darstellt. Es ist ein Weg vom Problemdenken zum Chancen- und Lösungsdenken. Wir gelangen damit zu einer variierten, aber konkreten und für uns relevanteren Zielbeschreibung.

Beim Zielkonflikt - wir wollen zwei Dinge, die sich offenbar ausschließen, gleichzeitig verwirklichen - kann es hilfreich sein, nach einem übergeordneten Ziel zu suchen. Z. B. möchte jemand die zur Zeit von ihm gemietete Wohnung kaufen, für die jedoch der Inhaber auf Rückfrage einen extrem hohen Preis fordert. Auf der anderen Seite möchte sich der Mieter nicht über einen gewissen Rahmen hinaus verschulden. Das übergeordnete Ziel liegt dann möglicherweise darin, sich zu einem angemessenen Preis Wohneigentum zu schaffen, um künftig mit finanziell überschaubarem Aufwand ein Zuhause zu haben. Eventuell bringt ein Abwägen der jetzigen Miete und der zu erwartenden Mietsteigerung mit dem Kaufpreis eine sinnvolle Entscheidung zugunsten der einen oder anderen Alternative. Oftmals jedoch ergeben sich durch das Erkennen des übergeordneten Zieles weitere Zielalternativen, z.B. die Suche nach einer anderen Wohnung. Dieser lösungsorientierte Umgang mit Zielkonflikten kann sich oft auch in Diskussionen mit Dritten als hilfreich erweisen. Läßt sich kein übergeordnetes Ziel finden, so müssen wir Prioritäten vergeben und dann entsprechend eine Entscheidung treffen, wenn sich kein konstruktiver Kompromiß finden läßt.

Vor der endgültigen Zielbestimmung kann es oft ratsam sein zu überprüfen, ob das nun so gefundene Ziel für uns sinnvoll ist und in einer für uns akzeptablen Art und Weise erreicht werden kann. Ein Ziel sollte konkret, meßbar, erreichbar, relevant und nachprüfbar sein sowie in seinen Konsequenzen für uns annehmbar. Für die Zielüberprüfung kann es sinnvoll sein, das Zielszenario mit möglichst vielen Sinnen im Geist bereits vorweg zu erleben. Zum einen kann dies unsere Identifikation mit dem Ziel erhöhen. Darüber hinaus haben wir Gelegenheit, schon im vorhinein zu erahnen, wie wir uns fühlen werden, wenn wir das Ziel erreicht haben (Segment 3/Gefühl). Haben wir uns einen Vorteil verschaffen wollen und empfinden bei der Vorstellung der Zielerreichung z.B. Scham, ein schlechtes Gewissen oder sonstige negative Gefühle, so ist dies ein Hinweis, daß wir noch einmal zur Überprüfung schreiten sollten. Entweder haben wir noch hinderliche Normen und Vorurteile (Segment 2 "sowas tut man doch nicht"), die wir möglicherweise als uns nicht mehr gemäß ablegen können, oder aber wir müssen unsere Ziele korrigieren, um uns nicht später bei der Zielerreichung negativ zu fühlen, statt Freude am Erfolg zu finden. Möglicherweise werden uns bei dem Vorauserleben der Situation einer Zielerreichung Nebenwirkungen bewußt, die wir zuvor nicht erkannt und berücksichtigt haben, die aber für unsere Entscheidung doch von wesentlicher Bedeutung sind.

Haben wir uns für ein Ziel entschieden, dann geht es in der weiteren Planung darum, für die Realisierung geeignete Strategien zu entwickeln, die wirksam und unserer Art gemäß sind. Dabei müssen sie der Situation und unseren Partnern gerecht werden. Überlegungen, wer oder was uns dabei unterstützen kann bzw. wer oder was uns eventuell behindert, können hilfreich sein. Je mehr Handlungsalternativen wir entwickeln und verfügbar haben, umso flexibler können wir reagieren, wenn der zunächst eingeschlagene Weg nicht die gewünschte Reaktion zeigt. Wenn sich Strategien als wenig wirksam erweisen - z.B., weil der Partner anders reagiert als wir vermuteten -, so ist es selten zweckdienlich, versuchen zu wollen, mit mehr Energieeinsatz zum Erfolg zu kommen: Wer mit seinem Auto in die falsche Straße einbiegt, wird auch nicht besser an sein Ziel kommen, wenn er mehr Gas gibt. Stehen uns mehrere Handlungsalternativen zur Verfügung, so werden wir weniger in Druck und Panik geraten, wenn sich ein Vorgehen als nicht situationsgerecht herausstellt (siehe hierzu auch mentale Energie (6.2) und Handlungen (7.2).

Haben wir klare Zielvorstellungen, dann können wir auch in der konkreten Situation eines Handlungsverlaufes, z.B. eines Gespräches, entscheiden, was jetzt für uns wichtig ist und wir weiter vorgehen wollen. Oftmals beginnt beispielsweise eine Vertragsverhandlung - in der wir zu einem Abschluß kommen wollen - mit einem Gespräch über allgemeine Themen. Es dient der Einstimmung sowie dem Kennenlernen und soll Beziehungen herstellen. Bemerken wir dabei, daß wir zu sportlichen oder politischen Ereignissen oder zur Fernsehsendung des letzten Abends unterschiedlicher Meinung sind, so werden wir dieses Thema möglichst nicht vertiefen. Für unsere weitere Zielsetzung ist dann eine Kraftprobe mit dem Ziel festzustellen, wer recht hat, kontraproduktiv. Wir werden also unser Ziel, den Vertragsabschluß, und eine dafür möglichst günstige Klimaeinstimmung im Auge behalten.

Denkbar ist jedoch auch, daß wir im Gespräch erkennen, daß unser Partner gar nicht gewillt ist, den Vertrag fair zu erfüllen, sondern ihn benutzen will, um uns zu übervorteilen. Wenn wir uns dessen noch nicht sicher sind, wird es Ziel des nächsten Schrittes sein, im Gesprächsablauf diejenige Alternative auszuwählen, die uns weitere Informationen über die Haltung unseres Partners verschaffen kann. Falls sich unsere Befürchtung bestätigt, ist es zwar denkbar, daß wir zunächst Enttäuschung empfinden, aber auch hier ist es gut, daß wir diese Information - die Diskrepanz zwischen der Wirklichkeit und dem, was wir erwartet haben - jetzt und nicht erst nach Vertragsabschluß erhalten haben. Wir werden nun natürlich unser Ziel überdenken müssen. Wollen wir weiter an einem Vertragsabschluß festhalten, und haben wir eine Chance, Regelungen einzubauen, die uns gegen Mißbrauch schützen? Oder wollen wir mit einem solchen Partner keine Vereinbarung treffen? Entscheiden wir uns aufgrund der neuen Situation und der Information über unseren Partner für die zweite Lösung, so korrigieren wir unser Ziel, d.h., wir streben keinen Vertragsabschluß mehr an. Wir werden in diesem Fallaber zwischen den Alternativen auszuwählen haben, ob wir unsere Bedenken über die Zuverlässigkeit unseres Partners diesem mitteilen oder z.B. die Gespräche nur vertagen. Maßstab für die Auswahl unserer Verhandlungsalternativen sollte auch hier sein, welche Ersatzhandlung nunmehr dem, was wir letztendlich langfristig mit dem Vertragsabschluß erreichen wollten, am besten dient. Unsere Enttäuschung oder die Empörung über die Absichten unseres Partners sind dabei selten ein guter Ratgeber.

Es geht hierbei nicht darum, die Gefühle fortzurationalisieren, wohl aber, konstruktiv mit ihnen umzugehen, sie als Informationsquelle zu nutzen, z.B. über unbewußt gezogene Schlußfolgerungen, ohne ihnen zwangsläufig die weitere Steuerung unseres Verhaltens und die Selektion unserer Wahrnehmung zu überlassen. Erkennen wir, daß die von den Gefühlen in uns ausgelösten Reaktionen nicht dem entsprechen, wie wir uns selbst steuern wollen, so müssen wir uns neu einstimmen. Wir haben bereits im Abschnitt 4.2 gesehen, daß Gefühle - oft unbewußt und damit von uns unkontrolliert - ausgelöst und beeinflußt werden durch unsere Gedanken. Setzen wir bewußt die Auslöser, die uns in eine geistige Verfassung einschwingen, in der wir gedanklich über Klarheit und Kreativität verfügen, um die für uns sinnvollen Ziele zu erkennen und entsprechende Handlungsalternativen zu entwickeln.

5.3 Ursachen wirkungsvoll setzen

Wir handeln, um etwas zu bewirken. Bei Geschehnissen forschen wir nach den Ursachen. Insoweit fällt es nicht schwer, ein Zusammenspiel zwischen Ursache und Wirkung anzuerkennen. Führt unser Verhalten zu anderen Ergebnissen, als wir sie wünschen, dann sind wir oft weniger geneigt zu akzeptieren, daß unser Handeln die Wirkung zumindest mitverursacht hat. Aber erst, wenn wir den Anteil unseres Zutuns an der Verursachung des von uns nicht gewünschten Ergebnisses erkennen, sind wir in der Lage, unser Verhalten so zu verändern, daß wir Wirkungen erzielen, mit denen wir zufrieden sind. Da es nicht immer bequem und angenehm ist, die Gesetzmäßigkeit der Kausalität anzuerkennen und nachzuforschen, wie wir durch Veränderungen unseres Verhaltens zu veränderten Ereignissen beitragen können, suchen wir Zuflucht bei einem Schicksal, dem wir die Verantwortung übertragen können.

Das **6. hermetische Prinzip von Ursache und Wirkung** erklärt jedoch:

"Jede Ursache hat ihre Wirkung; jede Wirkung ihre Ursache; alles geschieht gesetzmäßig, Zufall ist nur der Name für ein unbekanntes Gesetz. Es gibt viele Ebenen der Ursächlichkeit, aber nichts entgeht dem Gesetz".

Demnach gibt es kein Handeln - und auf der geistigen Ebene kein Denken - ohne Wirkung; nichts geschieht ohne Ursache. Als Zufall bezeichnen wir Geschehnisse, deren Verursachung wir nicht erkennen.

Wenn wir dies akzeptieren, so gibt es keine Zufälle im landläufigen Sprachgebrauch. Schicksal und Zufälle sind dann Rückmeldungen, daß wir wesentliche Ursachen nicht erkannt haben. Wo wir sie entdeckt haben, erscheinen sie uns oft einfach und einleuchtend; wo wir noch Suchende sind, dünkt uns das Finden oftmals so unmöglich, daß wir in Zweifel geraten, ob wir nicht doch an übernatürliche Kräfte glauben sollten. Vielleicht hat mancher von uns schon über den Mann gelächelt, von dem eine Geschichte erzählt, daß er aus entlegener Gegend in die Zivilisation kam und das elektrische Licht im Zimmer bestaunte. Er nahm Schalter und Lampe mit in seine Hütte und installierte sie. Als er den Schalter betätigte, ging aber kein Licht an und er glaubte, man habe es verhext. Ihm ist verborgen geblieben, daß unter Putz noch eine Leitung verlief von der Lampe zum Schalter und vom Schalter zur Stromquelle. Er hatte die Betätigung des Schalters beobachtet und entsprechend das Aufleuchten oder Ausgehen des Lichtes in der Lampe. Den wahren Zusammenhang hatte er nicht erkannt. Wäre er dabei verblieben, den Schalter nur in dem Haus zu betätigen, in dem er ihn angetroffen hatte, dann wäre er erfolgreich geblieben und würde möglicherweise noch heute überzeugt sein, den Gesamtzusammenhang verstanden zu haben.

Die Analyse selbst der einfachsten Ereignisse macht uns sehr schnell deutlich, wie eine Fülle von Ursachen nacheinander oder parallel zueinander zusammenwirken. Solange das Umfeld unseres Handelns, das Netz der anderen beteiligten Ursachen, nahezu unverändert bleibt, können wir durch gleichmäßiges Wiederholen oder Variieren entsprechend gleichbleibende oder variierende Wirkungen erzielen. In entsprechenden Experimenten können wir die Auswirkungen unseres Handelns auf das Resultat beobachten. Wir halten es dann für die entscheidende Ursache der unterschiedlichen Ergebnisse. Sobald sich aber das ganze Geflecht der mitwirkenden Ursachen verändert, haben die bisherigen Erkenntnisse nur noch eine bedingte Gültigkeit; die veränderten Wirkungen der anderen Ursachen müssen mitberücksichtigt werden. Insoweit ist es nicht zufällig, daß in einer Zeit, in der Technik und Eingriffe in die Natur bestehende Systeme schneller und stärker verändert haben, das Denken in Systemen gefordert ist - oder anders ausgedrückt: das vernetzte Denken, also das Denken im Netz der wechselseitigen Verflechtung von Ursachen und Wirkung. Wir wollen diese Gedanken globalerer Neuorientierung nicht weiterverfolgen, sondern uns auf den Rahmen dieses Buches beschränken.

Für unser konkretes zielorientiertes Handeln im Sinne des Selbst-Steuerungs-Systems entsprechend den jeweils im 2. Abschnitt der Kapitel dargestellten Drei-S-Methode bedeutet dies: Wenn wir durch die Reaktion auf unser Verhalten die Rückmeldung bekommen, daß es nicht mehr die gewünschte Wirkung auslöst, dann ist es sinnvoll zu untersuchen, inwieweit sich das Umfeld verändert hat und eine andere Handlungsalternative für uns erfolgreicher ist. Ein lediglich erhöhter Energieeinsatz ist zumeist keine Lösung.

Daß nicht die eingesetzte Kraft den Ausschlag geben muß, sondern das bewußt Ursache und Wirkung berücksichtigende Verhalten, kann uns am Beispiel der Judokämpfer deutlich werden: Mit entsprechend geschickt eingesetzten Griffen wird die Kraft, die der Gegner einsetzt, so umgeleitet, daß sie den Angreifer trifft und dem Abwehrenden zugute kommt. Je mehr wir uns der Zusammenhänge bewußt werden, umso eher können wir mit kleinen Ursachen die Weichen so stellen, daß auch von außen kommende Kräfte mit in die Richtung unserer Ziele wirken. Dies ist es, was in der bewußten Meditation und in der Drei-S-Methode darunter verstanden wird, Ursachen wirkungsvoll zu setzen.

Eine Voraussetzung für erfolgreiches Handeln ist die Zielklarheit, mit der sich auch die beiden anderen Abschnitte dieses Kapitels befassen. Erst, wenn wir wissen, welche Wirkung wir erzielen wollen, können wir auch die richtigen Ursachen setzen. Oft wird diesem Thema nicht genügend Zeit gewidmet. Dann geht es uns wie dem Reisenden, der in eine für ihn fremde Stadt kommt und sich sagt: "Jetzt noch anhalten und den Stadtplan studieren, dafür habe ich keine Zeit, ich muß die Franz-Müller-Straße suchen und bin sowieso schon spät dran." Uns richtig zu orientieren - mehr Bewußtheit zu erlangen über die Situation und die zusammenwirkenden Kräfte - bevor wir handeln, ist Anliegen beider in diesem Buch dargestellterMethoden. Der richtigen Zielfindung kommt entschei-dende Bedeutung zu, wenn wir am Ende mit dem Er-reichten zufrieden sein wollen. In der Drei-S-Methode ist diesem Thema ein ganzes Segment und der Abschnitt 5.2 gewidmet, denn die Gefahr ist immer wieder ge-geben, daß wir uns durch kurzfristige Ziele, augenblickliche Situationen, Ideen anderer oder sogenannte günstige Gelegenheiten von dem ablenken, was uns wirklich wichtig ist. Dann kann es sein, daß wir letztendlich nicht die für uns richtigen Ur-sachen setzen und etwas anderes ernten, als wir wollten.

Wenn wir unser Ziel zur Ursache unseres Handelns machen, dann kann auch unser Handeln die Ursachen setzen, die unsere Zielerreichung bewirken. Wenn Sie mit Ihrem Verhalten die Wirkungen verursacht haben, die Sie wollten, dann haben Sie Ursachen wirkungsvoll gesetzt.

6.1 Das Unbewußte als unser Berater

Eine weitere Möglichkeit, umfangreiche Themen auf unserer inneren Bewußtseinsebene zu bearbeiten, ist das Hinzuziehen von Beratern. Diese Methode eignet sich insbesondere, wenn wir Entscheidungen zu treffen haben. Hierbei kann es zum einen um Zielklarheit gehen, also darum herausfinden, was uns wichtig ist und was wir wirklich wollen. Zum anderen nutzen wir die Kreativität, um Wege für die Verwirklichung unserer Ziele zu finden.

Die Berater ermöglichen es, daß den verschiedenen Gesichtspunkten bei der Lösung eines Problems Stimme und Gestalt gegeben wird. Damit wird das Thema für uns anschaulicher und läßt schließlich die für uns sinnvolle Lösung deutlicher erkennen. Hinzu kommt, daß uns über die Berater ein Zugang ermöglicht wird zu einer Vielfalt an Wissen, welches uns im Wachbewußtsein zumeist nicht verfügbar ist.

Mit der vermeintlichen Objektivität unserer Logik werden oft Ahnungen und wirklich kreative Ideen als Träume und als unrealisierbar zur Seite geschoben. Sie werden nicht akzeptiert, weil sie nicht mit dem übereinstimmen, was wir bereits kennen. Wirkliche Kreativität besteht aber gerade in der Originalität des Neuen, uns bisher Unbekannten. Die erweiterte Ebene unseres inneren Bewußtseins ist besonders geeignet, die Grenzen des folgerichtigen Denkens und des Bewertens von bereits Bekanntem zu überschreiten. Wir durchbrechen die Einengungen unseres Ver-Standes, der Stand-Punkte einnimmt und nur ihnen gemäße verständliche Lösungen akzeptieren will. Durch das Zulassen mehrerer Standpunkte und Sichtweisen gelangen wir zu weiterreichenderen Einsichten und Erkenntnissen.

Erinnern wir uns: Auf der inneren Bewußtseinsebene

befindet sich unser Gehirn in den Schwingungen des Alpha- und Theta-Zustandes, also der Dimension der Träume und der Kreativität. Hier können wir auch besonders kreativ sein und "traumhafte" Ergebnisse erwarten.

Wie kommen wir auf unserer inneren Bewußtseinsebene in Kontakt zu unseren Beratern?

Für besondere Vorhaben und Arbeiten haben wir, auch in der realen Welt, besondere Räume, z.B. eine Werkstatt, ein Labor, ein Konferenzzimmer oder einen Arbeitsraum. Auch auf unserer inneren Bewußtseinsebene richten wir uns einen solchen Arbeitsraum ein, wie immer Sie ihn für sich bezeichnen wollen. Hierhin können wir dann gehen, wenn wir umfangreichere Themen zu bearbeiten haben oder Entscheidungen treffen müssen.

Die Einrichtung eines solchen Arbeitsraumes erfolgt, indem wir zunächst in der bisher gewohnten Weise zu unseren persönlichen Entspannungsort gehen. Wir nehmen uns nun vor, den Entspannungsort zu verlassen und unseren Arbeitsraum aufzusuchen. Dazu zählen wir von 5 bis 1; bei 1 sind wir in unserem Arbeitsraum. Das Verlassen des Arbeitsraumes erfolgt in der gleichen Weise, wie wir es von unserem Entspannungsort gewohnt sind, also durch das Hochzählen von 1 bis 5. Bei 5 sind wir dann wieder hellwach und munter auf unserer äußeren Bewußtseinsebene.

Der erste Besuch unseres Arbeitsraumes ist ähnlich wie das erste Betreten unseres Entspannungsortes. Manchmal zeichnet sich sofort klar ein Raum ab. Manchmal wechseln zunächst noch die Vorstellungen, bis sich dann ein Raum konkretisiert. Die Teilnehmerinnen und Teilnehmer berichten von unterschiedlichen Erfahrungen. Einige beschreiben richtige Labors oder Schaltzentralen mit mehr oder weniger vielen Geräten oder technischen Einrichtungen, die sie zum Teil verstehen und zum Teil nur ehrfürchtig betrachten. Andere haben ein eher schlichtes Arbeitszimmer mit einem Schreibtisch und einer Sitzgruppe für den Besuch ihrer Berater. In unserer Vorstellung ist alles möglich.

Dann sind wir bereit für unsere Berater. Auch hierbei kann es sein, daß sofort jemand kommt und bleibt oder daß Personen kommen und wieder gehen, bevor sich herausstellt, wer bei uns bleibt. Auch hier wird in den Kursen über unterschiedliche Erfahrungen berichtet. Bei einigen sind es Personen, die sie aus ihrem wirklichen Leben persönlich kennen. Bei anderen sind es Gestalten aus Zeitungen, Geschichtsbüchern etc., die sich hier personifizieren. Vereinzelt handelt es sich um völlig unbekannte Personen, die wir nie als unsere Berater erwartet hätten. Eine Teilnehmerin berichtete, daß ihre Großmutter erschienen war und sie zunächst dachte: "Wie will die mich wohl bei den heutigen Problemen beraten?" Und später war sie immer wieder überrascht über die originellen und treffsicheren Ideen, die ihr zu neuen Einsichten und Klarheiten für ihr Handeln verhalfen. Unsere Beraterinnen und Berater können uns mehr Informationen und Erkenntnisse vermitteln, als sie den realen Personen zugeschrieben werden könnten. Sie sind so gut und genial, wie wir sie akzeptieren. Es ist ein gutes Ritual, die Berater höflich und respektvoll zu behandeln, sie freundlich zu begrüßen, wenn wir ihnen in unserem Arbeitsraum begegnen und vor dem Verlassen uns zu bedanken und uns zu verabschieden. Das Wissen, daß es in uns Kräfte gibt, mit denen wir uns verständigt haben und die auch im Unbewußten in unserem Sinne tätig sind, kann sehr viel Sicherheit geben.

Die meisten Teilnehmerinnen und Teilnehmer haben zwei oder drei Beraterpersonen. Wir empfehlen drei Beraterinnen oder Berater. Denn zum einen ist diese Zahl überschaubar, und zum anderen kann bei schwierigen Entscheidungen die dritte Person über das Entweder-Oder hinaus einen zusätzlichen Weg symbolisieren. Aktivieren Sie durch regelmäßige Übungen die Kreativität und Genialität Ihrer Beraterinnen oder Berater und damit Ihre eigene Kompetenz.

6.2 Mentale Energie

Unsere mentale Energie steigt, wenn die von uns bewußt gesteuerten und die in unserem Unbewußten wirkenden Kräfte im Einklang stehen und sich ergänzen, statt gegeneinander zu wirken und widersprüchliche Absichten zu verfolgen. Wenn unsere Ziele im Einklang sind mit unseren Wünschen und Wertvorstellungen und wenn sie sich orientieren an der Wirklichkeit, so fördert dieser Einklang auch die Harmonie unserer Persönlichkeit. Eine ausgeglichene Persönlichkeit wirkt echt und kann überzeugend handeln. Wir vergeuden dann keine Energie im inneren Zwiespalt. Die gleichgerichteten Kräfte wirken wie die Konzentration der Sonnenstrahlen im Brennglas, oder die starke Bündelung des Lichts im Laserstrahl. Unsere Bewußtheit und unsere mentale Einstellung sind das Brennglas, unser Zugang zu fast ungeahnten Energien.

Unsere mentale Energie steht im engen Zusammenhang mit den übrigen Segmenten der Drei-S-Methode:" Wir sind, was wir denken", "am Anfang war das Wort". Auf der einen Seite wird unsere mentale Energie beeinflußt durch die Art, wie wir unsere Umwelt wahrnehmen, durch unsere Wertsysteme und Programme, durch die Klarheit über unsere Ziele sowie nicht zuletzt durch unsere Gefühle. Wenn wir uns selbst blockieren und überwiegend nach außen gerichtet reagieren, haben wir weniger Zugang zu unserer mentalen Energie und unserem Potential an Kreativität, als wenn wir uns in eine konstruktive Grundstimmung einschwingen und dem inneren Dialog bewußt folgen.

Auf der anderen Seite können wir durch mentale Übungen, durch geistige Vorstellungen von Ereignissen, Handlungen und Ergebnissen positiv auf unsere Bewußtseinskräfte einwirken. Dies verhilft uns zu mehr Klarheit in der Wahrnehmung und in der Beurteilung der Situation, unseres eigenen Modells, beim Setzen und Erkennen unserer Ziele sowie beim Umgang mit Gefühlen. Die bewußte Meditation ist ein guter Weg, unsere mentalen Energien zu erschließen und eine konstruktive Einschwingung zu stabilisieren.

Je zuversichtlicher und motivierter wir an die Bewältigung einer Aufgabe herangehen, umso energievoller und erfolgreicher wird unser Einsatz sein. Die **Zuversicht** basiert auf Wunsch, Glaube und Erwartung.

Der **Wunsch** ist die Triebfeder. Je intensiver unser Verlangen ist, unser Ziel zu verwirklichen, umso kraftvoller ist unsere Energie, Hindernisse zu überwinden und das gewünschte Ergebnis zu erreichen.

Der **Glaube** ist die Überzeugung, daß unser Ziel auch für uns erreichbar ist und wir berechtigt sind, das Ergebnis zu erlangen. Unser Glaube steht im engen Zusammenhang mit unseren Wertsystemen, Modellen und Normen. "Glaube versetzt Berge".

Wir haben die **Erwartung**, auch erfolgreich zu sein, wenn wir die von uns vorgesehenen Handlungen für geeignet halten, das angestrebte Ziel zu erreichen.

Haben wir Zweifel bei einem der drei Punkte, so mindert dies unsere Zuversicht, und unser Handeln wirkt weniger überzeugend, eventuell sogar zögerlich und halbherzig.

Wechseln wir ständig unsere Ziele und sind unsicher, ob wir ein bestimmtes Ergebnis mit all seinen Konsequenzen wirklich wünschen, so mindert dies die motivierende Kraft. Daher kommen der Zielfindung und der Zielklarheit auch so große Bedeutung zu als Prozeß der Überprüfung, wie wichtig uns ein Wunsch und seine Erfüllung wirklich sind. Je wichtiger sie sind , umso mehr Gewicht können wir in die Waagschale unserer Motivation legen.

Halten wir ein Ziel nicht für erreichbar oder als uns nicht angemessen und zustehend, werden wir auch weniger bereit sein, uns mit voller Energie auf den Weg zu machen. All die Programme wie "Das schaffe ich nicht", "wer arm geboren wird, endet arm", "das ist unmöglich", oder "da kommt ja doch etwas dazwischen" nähren den Zweifel und mindern unseren Glauben, das Ziel wirklich zu erreichen. Darum ist es sinnvoll, wenn wir bereits bei der Zielfindung überprüfen, ob wir an die für uns mögliche Erreichbarkeit glauben. Haben wir uns für das Ziel entschieden, sollten wir alle diese Zweifel und hemmenden Programme soweit als möglich vermeiden. Sie blockieren sonst unsere Einsatzbereitschaft und vergeuden Energie in die entgegengesetzte Richtung.

Glauben wir zwar, daß ein Ziel erreichbar ist, aber haben wir Zweifel, ob der eingeschlagene Weg oder die geplante Maßnahme geeignet ist und zum Erfolg führen wird, so mindert dies auch unsere Zuversicht. Es kann durchaus sein, daß wir zunächst der Wirksamkeit unserer Handlung, z.B. unserer Gesprächsführung, vertrauen, jedoch im Verlauf der Durchführung erkennen, daß sich nicht der gewünschte Erfolg einstellt. Die Situation entwickelt sich nicht so wie geplant, und unser Partner reagiert anders als erwartet. Dies muß jedoch noch nicht bedeuten, daß das Ziel grundsätzlich nicht für uns erreichbar ist. Es wäre vorschnell, wenn wir verzagen und unser Ziel als nicht realisierbar einstufen und aufgeben. Vielfach ist es nicht sinnvoll, unseren Energieeinsatz zu erhöhen, aber mit den gleichen Methoden unser Ziel anzustreben. Wenn es unser Ziel ist, eine Schraube zu entfernen und wir einen Kreuzschlitz erwarten, die Schraube aber einen glatten sechskantigen Kopf hat, so ist sie immer noch entfernbar, wir müssen nur den Schraubenzieher gegen einen Schraubenschlüssel vertauschen. Ist ein Ziel in der geplanten Weise nicht zu erreichen, so ist es vielfach nicht notwendig, es zu ändern, sondern lediglich einen neuen Weg zu suchen, also das Werkzeug zu wechseln. Wer jedoch als Werkzeug nur den Hammer kennt, für den muß jedes Problem ein Nagel sein. Haben wir nur eine Handlungsweise gelernt und sind darauf programmiert, hiermit erfolgreich zu sein, so werden sich bei geänderten Situationen und abweichendem Partnerverhalten Probleme der Zielerreichung einstellen. Haben wir aber den falschen Weg eingeschlagen, so lohnt es sich nicht, ihn mit noch mehr Energie zu verfolgen in der Hoffnung, doch richtig anzukommen.

Vielfach sind dies solche Situationen, die Enttäuschung in uns auslösen, da wir erwarteten, mit den von uns eingeschlagenen Maßnahmen erfolgreich zu sein. Dann wird oftmals entweder das Ziel als unrealistisch eingestuft oder aber der Situation oder dem Partner die Schuld am Mißlingen gegeben. Fragen nach der Schuld führen jedoch zumeist nicht weiter und zu konstruktiven Lösungen. Sie sind eher vergangenheitsorientiert und enden vielfach in Schuldzuweisungen. Schuldig zu sprechen bedeutet meist nur, daß der andere oder die Situation sich ändern müßte - aber es meist dann doch nicht tut. Gelegentlich kann sich dies schon in kleinen banalen Geschehnissen zeigen "Weil es regnet, ist mir der ganze Sonntag verdorben".

Hilfreicher ist es hingegen, die Ursachen zu erforschen. Dann können wir auch nach vorne schauen - zielorientiert - und unser gewünschtes Ergebnis läßt sich am ehesten realisieren. In bezug auf unseren Partner bedeutet dies, daß wir nicht den Anspruch erheben, er müsse anders sein als er ist, sondern uns fragen: Mit welchem Verhalten (welcher Ursache) kann ich die Situation für meinen Partner so umgestalten, daß er daraufhin auch sein Verhalten entsprechend verändert? Klarheit über unsere Ziele und die Kenntnis verschiedener Möglichkeiten zu seiner Erreichung (Segment Ziele und Alternativen, Abschnitt 5.2) sowie die genaue Beachtung der Reaktion unseres

Partners (Segment Wahrnehmung, Abschnitt 2.1),gepaart mit der Kraft unserer mentalen Energie, erhöhen unsere Fähigkeiten, unsere Handlungen zielorientiert, situationsgemäß und partnergerecht auszurichten und zu verändern.

Je mehr Handlungsalternativen - verschiedene Werzeuge - uns zur Verfügung stehen, umso gelassener können wir bleiben, wenn die zuerst gewählten Maßnahmen nicht das gewünschte Resultat (Feedback) zeigen. Das Wissen um Handlungsalternativen stärkt unser Vertrauen, letztendlich doch den richtigen Weg zu finden und einzuschlagen, um das gewünschte Ergebnis erwarten zu können. Vielfach verhärten sich Situationen, gerade auch bei der Gesprächsführung, wenn nicht gleich zu Beginn der richtige Einstieg, das richtige Werkzeug gewählt wurde. Verfügen wir aber über Alternativen und sind flexibel genug, unsere Handlungen der Situation und dem Partner anzupassen, statt darauf zu bestehen, auf dem zuerst eingeschlagenen Weg - auch, wenn er ein Irrtum war - das Ziel zu erreichen, so erhöhen wir unsere Erfolgsaussicht. Unerwartete Reaktionen führen dann nicht zu Zweifel, Verzagtheit oder gar Aggression, sondern dienen uns als Information, unser Werkzeug zu wechseln.

Am Übergang von unserem inneren Dialog zur Handlung im äußeren Dialog bedeutet die Aktivierung unserer mentalen Energie die Erreichung des Zustandes der Ausgeglichenheit, indem wir uns unserer Absichten sowie Befindlichkeit bewußt und gleichzeitig offen für unsere Partner im gegebenen Umfeld sind.

Vielfach ergibt sich auch bei Konfrontationen in Gesprächen oder Verhandlungen, daß die bestehenden Meinungsunterschiede weniger in der Unvereinbarkeit der Ziele begründet sind als vielmehr in unterschiedlichen Anschauungen über Weg und Maßnahmen. Oft versperrt dann die Auseinandersetzung über Verfahren und

Meinungen die Sicht für das Ziel. Aber wie bei der internen Zielklärung (5.2) ist es auch hier sinnvoll, den Zielkonflikt konstruktiv anzugehen und nach einem übergeordneten - gemeinsamen - Ziel zu suchen. Dabei kann sich durchaus zeigen, daß unser Ziel mit dem zunächst ausgesuchten Partner nicht erreichbar ist. Eine gute mentale Verfassung unterstützt uns, dies dann nicht als Fehlschlag oder gar als Niederlage unserer Person zu verstehen, sondern als eine Herausforderung an unsere Kreativität, die uns den Blick offenhält für unsere Möglichkeiten.

Wir haben bereits eingangs gesehen: Treffen Wunsch, Glaube und Erwartung zusammen, so haben wir auch die Zuversicht und die volle Motivation, uns für die Erreichung einzusetzen und erfolgreich zu sein. Unser Ziel, unser Wertsystem und unsere Einschätzung der Realisierbarkeit aus der Wahrnehmung der Realität stimmen überein. Wir stehen mit unserer ganzen Person hinter unserem Tun. Als in besonderer Weise überzeugend erscheinen uns Menschen, deren Handeln und Auftreten den Gegebenheiten angemessen und konstruktiv entspricht sowie gleichzeitig authentisch ist, also als übereinstimmend mit ihrer Persönlichkeit und ihren Zielen empfunden wird.

Unsere Gefühle informieren uns gut, ob wir in einem solch ausgeglichenen Zustand sind oder Diskrepanzen empfinden, sei es in uns oder in unserer Außenwelt. Die Aktivierung der mentalen Energie hilft uns, in Einklang mit uns selbst zu kommen bzw. zu bleiben.

Neben dem Weg in uns und zum Kontakt mit unserem Unbewußten - z.B. in der bewußten Meditation - kommt der Bewußtheit über unsere äußere Situation Bedeutung zu. Die gleichfalls im Rahmen des **Coachings** entwickelte und verfeinerte Analyse unseres **Energie-Haushaltes**, zusammen mit der Bewußtwerdung unserer verschiedenen **Identitäten**, hat sich hier als äußerst hilfreich erwiesen.

Im ersten Schritt skizzieren wir die für uns wesentlichsten verschiedenen Rollen und Funktionen, die wir ausüben. Nützlich ist es, dies bildlich zu tun; so können wir z.B. in die Mitte eines Blattes einen Kreis zeichnen und unseren Namen hineinschreiben. Von diesem Kreis aus können wir verschiedene Linien abzweigen lassen, die jeweils eine unserer Funktionen darstellt und an deren Enden wir die Personen einzeichnen, mit denen wir hier in Kontakt treten. Hier können beispielsweise folgende Funktionen aufgezeichnet werden:

- wir als Tochter/Sohn und unsere Eltern als Bezugspersonen,
- wir als Eltern und unsere Kinder als Bezugspersonen,
- wir als Ehepartner und unsere Partnerin/ unser Partner als Bezugsperson,
- wir im Beruf als Kollege innerhalb der übrigen Kolleg(inn)en,
- als Vorgesetzter mit unseren wichtigsten Mitarbeitern,
- unsere berufliche Funktion mit unseren direkten Vorgesetzten als Bezugspartner,
- wir mit Tätigkeiten in Vereinen etc.

Die eine Auswertung dieses so entstandenen Schaubildes besteht in der **Analyse unserer Identitäten.** Hierbei verdeutlichen wir uns, inwieweit wir uns in den einzelnen Funktionen verwirklichen, sinnvolle Kompromisse schließen können oder fremdgesteuert sind. Inwieweit können wir die von uns angestrebte Identität wahren und Eigensteuerung übernehmen? Wir kommen hierauf noch einmal im Rahmen der Lebensplanung im Abschnitt 8.2 (Mit Bewußtheit zum Erfolg) zurück.

Die zweite Auswertung besteht in der **Energiebilanz**, auf die wir gleichfalls in 8.2 nochmals Bezug nehmen. Wir kennzeichnen jeweils bei den einzelnen Funktionen und Rollen sowie im Bezug auf unsere Kontaktpersonen, inwieweit wir positive und/oder negative Energien geben oder empfangen.

Dadurch erhalten wir einen Überblick über unseren Energiehaushalt: Wo gleichen sich eingesetzte und empfangene Energien in Funktionen oder Beziehungen einigermaßen aus? Wo müssen wir deutlich mehr Energien geben oder wo empfangen wir Energien, wo tanken wir auf? Stellen wir fest, daß wir deutlich mehr Energien geben als empfangen, so ist es sinnvoll zu überlegen, inwieweit wir in den Bereichen, in denen überwiegend unser Energiedefizit entsteht, Veränderungen herbeiführen können - sei es, daß wir die Situation oder unsere Einstellung ändern, sei es, daß wir die Bezugspersonen wechseln.

Wir können unsere Energiebilanz positiv verändern, wenn es uns gelingt, denjenigen Funktionen oder Personen mehr Raum zu geben, durch die wir positive Energie erhalten, also durch die wir "unseren Akku aufladen". Dies können z.B. gesellige Treffen sein, herausfordernde Tätigkeiten oder Beziehungen oder auch Zeit für uns selbst, beispielsweise für Joggen, Meditieren etc. Eine positive oder doch ausgeglichene Energiebilanz erleichtert uns auch eine ausgeglichene Haltung und damit die Einschwingung, die uns in Einklang mit uns selbst bringt. Aus dem Spitzensport kennen wir Beispiele, wie oftmals die mentale Verfassung den Ausschlag gibt für den vollen Erfolg.

6.3 Kreativität und der Umgang mit dem Nichtwissen als höherer Stufe des Wissens

Zwei Erkenntnisse aus vorangegangenen Abschnitten wollen wir uns näher verdeutlichen:

Wenn eine Verhaltensweise nicht oder nicht mehr erfolgreich ist, d.h. nicht die gewünschte Reaktion zur Folge hat, so ist es sinnvoll, unser Verhalten zu variieren und die Auswirkung zu beobachten. Entweder verfügen wir bereits über Handlungsalternativen oder wir entwickeln neue. Menschen, die dies besonders gut können, nennen wir kreativ. **Gesteigerte Kreativität erhöht unsere Chancen, erfolgreich zu sein**, d.h. mit unserem Verhalten die Ursachen zu setzen, die zur angestrebten Wirkung führen. Insoweit gehört ergänzend zur Kreativität die Überprüfung, inwieweit die Reaktion, das erreichte Resultat mit dem übereinstimmt, was wir erzielen wollten. In der Kommunikation ist das z.B. die Berücksichtigung von Feedback und Rückmeldung.

Eine zweite Erkenntnis ergab sich aus der Vernetzung von Ursache und Wirkung. Sie bedeutet, daß unsere Handeln nur einen Teil der Ursachen darstellt. Wir müssen also bei den Auswirkungen auch andere Einflüsse berücksichtigen, über deren Existenz und Wirkungsweise wir nur ein ungenügendes Wissen haben. Aber **das Wissen über dieses Nichtwissen erweitert unser Denken.** Wir kommen also zu einer Erweiterung, wenn wir bewußt sowohl mit dem umgehen, was wir wissen als auch mit dem, was wir nicht wissen. Die Vorsorge für Unvorhergesehenes ist eine Auswirkung des Wissens vom Nichtwissen.

"Ich weiß, daß ich nichts weiß - und weil ich weiß, daß ich nichts weiß, weiß ich, daß ich viel weiß."
(Sokrates)

Dies offenbart uns bereits das Wissen vom Nichtwissen als eine höhere Stufe des Wissens. Die Polarität von Wissen und Nichtwissen wird in dieser paradoxen Ausdrucksweise zu einer neuen Wahrheit vereint.

Entsprechend unserem Wissen über das Nichtwissen können wir dieses in vier Kategorien einteilen:

1. Die schlichte Form des Nichtwissens - ein **subjektives Nichtwissen** - besteht darin, daß das notwendige Wissen zwar im Kontext zum anstehenden Problem generell vorhanden ist, der speziellen Person aber unbekannt. Z.B. weiß ein Laie nicht, wie ein Motor funktioniert, während Experten das entsprechende Wissen haben.

2. Ein **kategorisches Nichtwissen** liegt vor, wenn wir die Unmöglichkeit erkannt haben, jenseits bestimmter Grenzen zu gesichertem Wissen gelangen zu können. Hier bleibt uns bestenfalls die Möglichkeit des Glaubens.

3. Von einem **latenten Nichtwissen** könnten wir sprechen, wenn das Wissen noch verborgen ist, wir also bestimmte Tatsachen, Zusammenhänge oder Folgen noch nicht kennen. Z.B. wissen wir nicht, wie kalt es draußen ist, aber wir könnten es jederzeit feststellen, wenn wir ein Thermometer herauslegen.

4. Als **kreativ lösbares Nichtwissen** wollen wir die verbleibenden Fälle bezeichnen, in denen zwar einerseits in einem konkreten Bereich oder einem gegebenen Fall noch Nichtwissen herrscht, aber auf einer anderen Bewußtseinsebene das notwendige Wissen vorhanden ist. Es geht also um die Übertragung des Wissens auf eine Ebene des Nichtwissens, um in der anstehenden Situation eine Lösung zu erkennen. Solange wir jedoch meinen, unser Unwissen lasse sich jedoch in keinem Fall in Wissen verwandeln, blockieren wir die Bereitschaft, kreativ zur Lösung

zu gelangen. Aufgeschlossen für neue Ideen zu sein und sie auszuprobieren oder Analysen und Metaphern anzuwenden, fördert hingegen die zur Überwindung des Nichtwissens notwendige Kreativität. Wahrscheinlich ist dies auch eine Erklärung dafür, daß manche Entdeckungen und Erfindungen von Laien gemacht wurden, die nicht, wie der Fachmann, bereits vorher "wußten", daß dies nicht geht.

Durch die **bewußte Meditation** stellen wir zum einen einen gezielten Kontakt zwischen unserem Bewußtsein und unserem Unbewußten her. Insbesondere in den Abschnitten 5.1 und 6.1 haben wir uns mit speziellen Vorgehensweisen auf unserer inneren Bewußtseinsebene beschäftigt, die der Kreativität, dem Lösen von Problemen und dem Erreichen von Zielen dienen. Sich z.B. bereits erfolgreich gemeisterter Situationen bewußt zu werden ist ein Weg, das Wissen über unsere Fähigkeiten auf Gegebenheiten zu übertragen, für die wir die Lösung noch nicht wissen. Indem wir Berater auf unserer inneren Bewußtseinsebene einbeziehen, können wir uns in unserem Unbewußten vorhandenes Wissen - das für unser Bewußtsein noch Nichtwissen ist - bewußt machen, um es als Lösungsidee kreativ und konstruktiv auf konkrete Vorhaben anzuwenden.

Das im Abschnitt 6.2 behandelte Segment **"Mentale Energie"** des **Selbst-Steuerungs-Systems** erschließt uns auch hier diesen Bereich für unser konstruktives nach außen gerichtetes Handeln. Die Kreativität ist gleichfalls angesprochen im Segment über Ziele und das Auffinden von Alternativen.

Kreativität ist letztendlich der schöpferische Vorgang, aus dem Neues entsteht. Aus der Zusammenführung von Problem und Lösung wird das Ergebnis hervorgebracht.

Lösung und Problem sind Gegensätze, und doch gehören sie zusammen und streben nach Vereinigung, um produktiv zu sein. So wie ein Problem ohne Lösung unbefriedigend ist, bleibt auch eine Lösung ohne ein entsprechendes Problem ohne sinnvolle Auswirkung.

Das **siebte hermetische Prinzip** besagt:

"Geschlecht ist in allem, alles hat männliche und weibliche Prinzipien, Geschlecht offenbart sich auf allen Ebenen."

Es ist wohl offensichtlich, daß hier weit mehr gemeint ist als körperliche Geschlechtlichkeit. Das Prinzip vollzieht sich sowohl auf der materiellen als auch auf der geistigen Ebene. Die Atomphysik lehrt uns heute, wie aus kleinsten positiv und negativ geladenen Teilchen mit ihrer Unterschiedlichkeit einerseits und ihrer gegenseitigen Anziehungskraft andererseits durch Vereinigung die Grundbausteine entstehen, aus denen sich die Vielfalt unserer materiellen Welt immer wieder entwickelt. Aus der Philosophie kennen wir außerdem auf der Ebene des Denkens die Lehre der Dialektik, in der aus dem Zusammenfügen von These und Antithese die Synthese entsteht.

Zum Schöpferischen gehört es offenbar, Gegensätze der gleichen Ebene und des gleichen Themas in eine sinnvolle Beziehung zueinander zu bringen. Die Unterschiedlichkeit der beiden Pole läßt sie uns als Gegensätze erscheinen, und doch bilden sie erst durch ihre Verbindung eine Einheit. Durch das Auseinanderstreben zu den Polen einerseits und die gegenseitige Anziehung zur Vereinigung andererseits entstehen die Rhythmen der Lebenszyklen.

Reizvoll ist der Gedanke, inwieweit eine dauerhafte Einheit als Überwindung des Dualismus, und damit auch des Individualismus der zwei, zu einem Stillstand führt, in dem auch das Leben, so wie wir es uns vorstellen können, aufhört. Dies weiterzuverfolgen, sprengt das Anliegen dieses Buches, aber vielleicht liegt hier ein Gedankenansatz zum Verständnis dessen, was in östlichen Lehren als das Nirwana bezeichnet wird: eine Einheit, die alle Energie enthält, von unseren Vorstellungen aber nicht begriffen werden kann, da die Energie ohne Bewegung bleibt (kein Werden) und die Einheit (das Sein) uns aufgrund der fehlenden Gegensätzlichkeit. Die Beschäftigung mit Sinn- und Seinsfragen jenseits unseres Alltags kann uns aber helfen, in unserer Lebensplanung mehr Klarheit zu gewinnen für das, was uns wirklich wichtig ist, und damit Maßstäbe zu bilden für die Auswahl unserer Ziele.

Wir wollen uns hier konzentrieren auf den Dualismus in unserer Welt und die Kreativität, die als ihr Ergebnis Neues erdenkt und dies auch umsetzen und verwirklichen will. Viele alte Schriften, Mythen und Überlieferungen weisen immer wieder auf die doppelte Natur des Menschen hin. Aus der chinesischen Philosophie sind uns die Begriffe Yin und Yang bekannt, und zwar einerseits als das Schöpferische, männliche, geistige und andererseits als das empfangende, weibliche, stoffliche Prinzip. Wir sprechen vom logischen und intuitiven Denken; in letzter Zeit ist auch häufig vom Denken mit der linken und der rechten Gehirnhälfte die Rede als Versuch, die beiden Arten des Denkens durch Lokalisierung erklärbarer zu machen. Vielfach wird heute die Forderung nach ganzheitlichem Denken erhoben; dies ist möglicherweise ein Indiz dafür, daß durch zu starke Betonung eines Poles über eine längere Zeit hinweg die dynamische Balance gefährdet ist. Stets kann das sinnvolle Anliegen nur darin bestehen, beide Seiten in uns in Einklang und Harmonie zu bringen und damit "ganz" zu werden, indem wir beides akzeptieren und zulassen. Die bewußte Meditation mit dem Zugang zu unserer inneren Bewußtseinsebene oder der Weg zur gesteigerten Bewußtheit im Selbst-Steuerungs-System sind hier hilfreich.

Selbst, wenn einer der beiden Bereiche längere Zeit vernachlässigt wurde und jetzt ein Mangel empfunden wird, kann es nicht darum gehen, beide Teile im Entweder-Oder einander gegenüberzustellen. Es handelt sich um das Zu- und Miteinander zweier Urprinzipien. Das eine ist mehr der logische, vom aktiven Einsatz des Willens bestimmte Teil, das andere eher intuitiv, passiv im Sinne von Ge-lassen-heit, welche geschehen und wachsen läßt. Eines für sich allein bleibt unfruchtbar. Dies gilt einerseits für die Idee, wenn sie nicht zu einem Ergebnis heranwächst; möglicherweise wird sie von jemand anderem aufgegriffen, der sie dann auf seinem Nährboden zur Ernte reifen läßt. Andererseits genügt die Bereitschaft, Dinge umzusetzen und zu verwirklichen, nicht, wenn es an der Initialzündung fehlt. Vielleicht liegt hier oftmals die Gefahr, daß wir mangels eigener Ideen, ohne unser Wissen, die Anliegen anderer austragen; wir sind dann fremdbestimmt.

Wenn wir die Klarheit unserer Ziele mit dem erhöhten Bewußtsein unserer selbst und der gegebenen Situation in Einklang bringen, haben wir eine gute Chance, durch das daraus entstehende Handeln in unserem Sinne schöpferisch und erfolgreich zu sein. Durch die Verbindung unseres Wachbewußtseins mit den schöpferischen Kräften unseres Unbewußten auf der inneren Bewußtseinsebene können wir die Saat legen für reiche Ernte.

7.1 "Drei-Finger-Technik" als Schlüssel zur inneren Bewußtseinsebene

Mit der Drei-Finger-Technik verfügen wir über eine Methode, die uns bei der alltäglichen Anwendung der Übungen in zweifacher Hinsicht unterstützt:

Zum einen bedeutet sie einen schnelleren Weg auf unsere innere Bewußtseinsebene und zu unserem persönlichen Entspannungsort. Zum anderen ermöglicht sie uns, im Wachbewußtsein Energien der Alpha-Ebene zu aktivieren.

Bei der Drei-Finger-Technik legen wir die Fingerkuppen des Daumens, des Zeigefingers und des Mittelfingers leicht aneinander. Es genügt, wenn wir dies mit der linken oder der rechten Hand tun; wer will, kann jedoch - zumal auch am Anfang - beide Hände benutzen.

Nach einigen regelmäßigen Übungen haben wir bereits den in Abschnitt 2.1 beschriebenen Weg zu unserer inneren Bewußtseinsebene und unserem Entspannungsort so sehr gefestigt, daß das ruhige Zählen von 3 bis 1 und von 7 bis 1 ausreicht und wir auf die Texte verzichten können. Statt diese Treppenstufen zu gehen - um es mit einem bildlichen Gleichnis auszudrücken - können wir durch die Drei-Finger-Technik praktisch einen direkten Fahrstuhl auf unsere innere Bewußtseinsebene benutzen. Wir legen in der zuvor bezeichneten Weise unsere drei Finger zusammen und zählen zügig von 3 bis 1. Bei 1 sind wir bereits auf unserem Entspannungsort.

Hier können wir nun auf eine in den vorigen Abschnitten beschriebene Weise tätig werden. Dabei können wir die drei Finger sich weiterhin leicht berühren lassen oder auseinandernehmen. Wir können unseren persönlichen Entspannungsort aufsuchen, um einfach Ruhe und Entspannung zu finden oder unsere Energien und Kreativität zu aktivieren. Wir können mit unserem Bildschirm arbeiten zur Zielerreichung, Problemlösung oder zur Veränderung von uns steuernden Programmen. Wir können auch von 5 bis 1 weiterzählen und uns in unseren Arbeitsraum begeben, um dort mit unseren Beratern zu konferieren. Nach einer längeren Übung von z.B. 10 Minuten können wir anschließend in der bereits gewohnten Weise durch das Zählen von 1 bis 5 wieder auf die äußere Bewußtseinsebene gelangen.

Wir können die Drei-Finger-Technik aber auch für kurze Übungen einsetzen. In diesem Fall legen wir wieder die drei Finger zusammen und zählen zügig von 3 bis 1. Wir sind dann auf unserem persönlichen Entspannungsort. Hier können wir nun z.B. unseren Bildschirm aktivieren und dort für ein uns wichtiges Thema die zuvor erarbeitete Zielvorstellung projizieren. Nachdem wir sie kurze Zeit betrachtet und erlebt haben, kehren wir auf unsere äußere Bewußtseinsebene zurück. Bei diesen kurzen Übungen reicht es, wenn wir die drei Finger auch während der Übung sich leicht berühren lassen und am Ende der Übung mit einem festeren Zusammendrücken und dem Vorsatz, jetzt auf die äußere Bewußtseinsebene zurückzukehren, die Übung beenden.

Diese kleinen Übungen, die nur wenig Zeit benötigen, können mehrfach am Tag praktiziert werden. Sie sind z.B. dann sinnvoll, wenn wir an einem für uns besonders wichtigen Thema arbeiten oder eine alte Gewohnheit verändern wollen; durch die Übungen erinnern wir uns und unser Unterbewußtsein immer wieder an die Zielvorstellung.

Die meisten Kursteilnehmerinnen und Kursteilnehmer schließen ihre Augen, wenn sie sich auf ihre innere Bewußtseinsebene begeben. Dies erleichtert die Konzentration und das Abschalten von äußeren Einflüssen.

Wer will, kann sich jedoch auch darin trainieren, die Übungen mit geöffneten oder nur leicht geschlossenen Augen zu praktizieren, z.B. im Zusammenhang mit der Drei-Finger-Technik. In diesen Fällen merkt Ihre Umgebung praktisch gar nicht, wenn Sie gerade meditieren; außerdem brauchen Sie sich dann nicht eigens zurückzuziehen. Sie können auf diese Weise natürlich Leerlaufzeiten im Laufe des Tages wirkungsvoll nutzen, sei es beim Warten an der Kasse, auf dem Bahnhof oder im Flugzeug. Für die meisten wird es aber am Anfang einfacher sein, sich für die Übungen zurückzuziehen und äußere Störungen auszuschließen.

Schließlich können wir die Drei-Finger-Technik ebenfalls nutzen, wenn wir zwar auf unserer äußeren Bewußtseinsebene aktiv bleiben wollen, in diese aber unsere Fähigkeiten, Energien und unsere Kreativität oder Gelassenheit des Alpha-Zustandes integrieren möchten. In diesen Fällen legen wir wieder die drei Fingerspitzen von Daumen, Zeigefinger und Mittelfinger leicht zusammen, behalten die Augen offen und denken kurz und intensiv an das, was wir nun zusätzlich aktivieren wollen. Dies kann vor Beginn eines Vortrages die Stabilisierung unserer Sicherheit sein, die Gelassenheit in einem Streitgespräch, die Konzentration beim Anhören eines Vortrages. Unserer Phantasie und unseren Möglichkeiten sind hier keine Grenzen gesetzt. Während wir also in den vorhergehenden Übungen Wege gefestigt haben, mit wachem Bewußtsein auf unserer inneren Bewußtseinsebene tätig zu sein, nutzen wir hier die Verbindung, um von unserer äußeren Bewußtseinsebene aus auf Ressourcen in uns zurückzugreifen.

Die Drei-Finger-Technik scheint ein besonders guter Auslöser zu sein, um den Kontakt herzustellen zwischen unserer äußeren und unserer inneren Bewußtseinsebene, unserem Wachbewußtsein und unserem Traumbewußtsein.

In der Literatur wird hierbei gelegentlich hingewiesen auf die ähnliche Fingerhaltung bei Abbildungen östlicher Meditationen. Hier besteht jedoch ein kleiner aber entscheidender Unterschied, der wiederum die voneinander abweichenden Grundhaltungen verdeutlicht: Bei östlichen Meditationen berühren sich die Fingerspitzen von Daumen und Zeigefinger, so daß sie einen Ring bilden, die drei übrigen Finger werden geschlossen hiervon entfernt gehalten. Der Daumen repräsentiert in der indischen Mythologie das All, der Zeigefinger unser individuelles Ego und die Zusammenführung, der Ring die Vollkommenheit. Die drei übrigen Finger stehen repräsentativ für unsere Triebe und Wünsche, die uns immer wieder ablenken und nach außen führen. Bei der östlichen Meditation als Weg nach innen geht es u.a. darum, Abstand von der äußeren Welt zu finden und unabhängig zu werden von unseren Trieben und Wünschen sowie unserem Verlangen in der äußeren Welt.

Bei der hier behandelten Methode der bewußten Meditation, mit der wir unseren Alpha-Zustand aktivieren, wollen wir Energien unseres Unbewußten zielorientiert mit unserem Bewußtsein in Kontakt bringen, um letztendlich in der äußeren Welt erfolgreicher zu sein. Wir wollen also Ziele, die wir uns für die reale Welt setzen, in dieser Weise besser erreichen. Insoweit handelt es sich nicht um die Abkehr von Wünschen in der äußeren Welt. Und bei der Drei-Finger-Technik nehmen wir den Mittelfinger - also einen der Finger, der unsere Wünsche und unser Verlangen repräsentiert - mit hinzu; wir suchen also die Vollkommenheit (die Einheit von Bewußtem und Unbewußtem) unter Hinzuziehung unserer nach außen gerichteten Ziele.

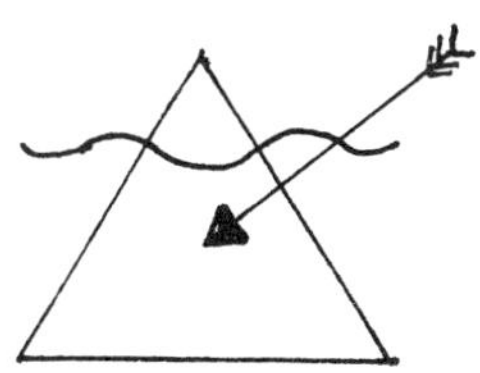

7.2 Handlungen

Wahrnehmungen und Handlungen sind die beiden Segmente des äußeren Dialogs. Das Verhalten und die Aussagen anderer nehmen wir durch unsere Sinne war - wie subjektiv dies auch sein mag. Mit unserem Handeln nehmen wir Einfluß auf unsere Umwelt und unsere Partner, die dies ihrerseits entsprechend ihrem Wahrnehmungssystem aufnehmen und interpretieren.

Maßstab für die Effizienz unseres Handelns ist, ob wir mit unserem Verhalten unserer Zielerreichung näherkommen und beim Partner entsprechende Wirkung auslösen. Hierüber erhalten wir Rückmeldung, indem wir z.B. die Reaktion unseres Partners wahrnehmen. Hierzu gehört nicht nur das, was er sagt und wie er handelt, sondern auch die oftmals nur flüchtigen spontanen Signale: ein schneller Augenaufschlag, kurzfristige Veränderungen in der Mimik oder Haltung usw., also dem, was auch als Körpersprache bezeichnet wird. Um diese nicht zu mißdeuten, ist es sinnvoll, nicht vorschnell zu interpretieren, sondern die Reaktionen unseres Partners in verschiedenen Situationen möglichst genau zu beobachten und zuzuordnen. Dies bedarf einiger Übung und vor allem der Hinwendung zu unserem Partner. Die körpersprachlichen Signale geben uns vielfach zuverlässigere Hinweise als die verbalen, wie unser Verhalten auf den anderen wirkt, insbesondere, wenn die Antwort z.B. in einem Vorgesetzten-Untergebenen-Verhältnis vorsichtiger formuliert wird.

Die Reaktion auf unser Verhalten gibt uns also die Rückmeldung, ob unser Handeln erfolgreich war. Ist die Wirkung gering oder gar unbefriedigend, so ist es hilfreicher, weitere Handlungsalternativen zu versuchen, statt in der bisherigen Weise mit verstärkter Energie fortzufahren und den anderen möglicherweise unter Druck zu setzen. Unsere Wahrnehmung des körpersprachlichen Verhaltens unseres

Partners ist somit Indikator, inwieweit wir unser Handeln fortsetzen können oder variieren müssen. Je schneller wir bereit sind, unsere Handlungen sinnvoll zu korrigieren, umso größer sind unsere Chancen, das "Festfahren", z.B. eines Gespräches, zu vermeiden. Je mehr Handlungsalternativen uns zur Verfügung stehen, umso größer ist unser Handlungsspielraum und damit die "Trefferquote", mit unserem Verhalten unserem Partner, den Umständen und unseren Zielen gerecht zu werden. Anders ausgedrückt: Eine gute Beobachtung und die Bereitschaft, schnell den Reaktionen des anderen Rechnung zu tragen, erhöhen unsere Freiheit, auch einmal neue, möglicherweise dann wirkungsvollere Alternativen auszuprobieren.

Die Handlungen sind nicht nur Teil des äußeren Dialogs, sondern sie stehen auch im Zusammenhang mit dem inneren Dialog und werden hierdurch entscheidend geprägt, wie bereits in den vorhergehenden Segmenten erläutert. Für unser Handeln bedeutet dies, daß die zunehmende Bewußtheit in unseren inneren Dialog die Basis bildet, fremdbestimmte Reaktion durch selbstgesteuertes Handeln zu ersetzen und der Situation anzupassen.

In bezug auf unseren Partner ist es hilfreich, uns von Zeit zu Zeit zu vergegenwärtigen, daß auch bei ihm ein - wenn auch mehr oder weniger bewußter - innerer Dialog stattfindet. Dabei sind wahrscheinlich seine Vorerfahrungen, sein Wertsystem, seine Programme etc. sowie seine Ziele anders als unsere. Je besser wir sie verstehen, umso sinnvoller können wir darauf eingehen. Um eine erfolgreiche Handlungsalternative auszuwählen, können wir uns fragen: Was können wir tun, um beim anderen dessen Wahrnehmung und seinen inneren Dialog positiv zu beeinflussen?

Wir haben bereits im Abschnitt 2.2 behandelt, daß bei den Menschen die Präferenz für die einzelnen Sinneskanäle unterschiedlich ausgeprägt ist, d.h., der eine nimmt eher wahr, was er sieht, ein anderer mehr, was er hört und wieder ein anderer reagiert stärker darauf, was er fühlt, begreift, riecht oder schmeckt. Je besser wir den Wahrnehmungskanal unseres Partners erkennen und uns dann darauf einstellen, umso größer ist unsere Chance, daß wir ihn mit unserer Botschaft erreichen und Mißverständnisse einschränken. Wie bereits im Abschnitt über die Wahrnehmung behandelt, kann uns z.B. die Wortwahl Hinweise auf den bevorzugten Sinneskanal geben.

Bei der Darstellung des Modells der "Drei-S-Methode" im Abschnitt 3.2 haben wir bereits darauf hingewiesen, daß unser Verhalten eine Funktion unserer Persönlichkeit und unserer Umwelt ist (V = f (P, U, ...). In bezug auf unseren Partner haben wir gefolgert, daß wir zwar sein Verhalten nicht ändern können. Wir können jedoch durch unser Verhalten - da wir ja Teil seiner Umwelt sind - diese so verändern, daß dadurch auch bei ihm eine Verhaltensveränderung ausgelöst wird. Akzeptieren wir ihn nicht, sondern würden z.B. direkt eine Verhaltensänderung fordern, so gestalten wir die Umwelt für den anderen bedrohlicher. Bei der Behandlung der Gefühle (Abschnitt 4.2) haben wir be-reits erkannt, daß Bedrohung und Angst vielfach zu Blockaden führen und die Verhaltensmöglichkeiten re-duzieren in Richtung Angriff oder Flucht, d.h. Trotz oder Rückzug. Wollen wir eine kooperative und kon-struktiv mitdenkende Erwiderung unseres Partners, so sind also diese Verhaltensweisen wenig geeignet. Mit etwas Einfühlungsvermögen und Interesse am anderen können wir oftmals erkennen, wenn dieser im inneren Dialog mit sich ist. Dann ist es zumeist hilfreich, ihm die hierfür benötigte Zeit zu lassen, zu klaren und authentischen Erwiderungen zu gelangen.

In dieser Weise auf den anderen und sein Wahrnehmungssystem einzugehen hilft, den Kontakt aufzubauen, den richtigen "Draht" miteinander zu finden.

Insoweit ist es eine Basis, auf der Vertrauen entstehen kann. Zum anderen ermöglicht es uns, den Partner besser zu verstehen. Ein indianisches Sprichwort sagt sinngemäß:" Erst wenn du 20 Meilen in den Mokassins des anderen gelaufen bist, kannst du ihn verstehen." Je tragfähiger die Basis ist und das gegenseitige Verstehen, umso besser können wir nach gemeinsamen Wegen suchen.

Wir können uns dies noch einmal verdeutlichen in der Gesprächsführung, ein wesentliches Instrument, mit anderen Menschen Kontakt aufzunehmen und Einfluß auszuüben. Das Kommunikationsmodell läßt sich wie folgt beschreiben:

Wer sagt was, wie, zu wem und mit welchem Erfolg?

Dabei bedeutet jeweils im entsprechenden Umfeld

wer = Sender, die Person, die etwas sagt,
sagt= die Botschaft, die Aussage,
was = die Sachebene
wie = die Beziehungsebene
wem = der Gesprächspartner, dem zunächst etwas gesagt wird und der anschließend zum Sender (wer) werden kann
mit welchem Erfolg= Grad (was) und Art (wie) der Zielerreichung.

Zum einen wird das Gespräch geprägt sein, je nachdem, wie sehr wir als der Handelnde (Sender) Kontakt zu uns selbst (wer) und unseren Zielen haben und den Partner (wem) in seiner Persönlichkeit annehmen und verstehen. Was wir sagen und wie wir dies tun, beeinflußt die Sach-Ebene und die Beziehungs-Ebene. Dabei ist es zumeist sinnvoll, zunächst der Beziehungsebene genügend Beachtung zu schenken, bevor wir uns stärker der Sachebene zuwenden. Wir können uns dies bildlich vorstellen: Die Beziehungsebene ist die Brücke, die wir zwischen unserem Partner und uns aufbauen; die Themen - und eventuell Probleme - die wir dann darüberschicken, sind die Sachebene. Auch über eine Schlucht wird man zunächst die Brücke bauen und dann erst Autos darüberfahren lassen statt umgekehrt. Und je schwerer die Lasten (Sachthemen) sind, umso tragfähiger muß die Brücke (Beziehungsebene) sein.

Möglicherweise finden wir bei den Sachthemen keine gemeinsame Lösung, weil wir durch unterschiedliche Interessenlagen keine gemeinsamen Ziele finden. Auch bei einer schlechten Beziehung würden wir dann kein tragfähiges Ergebnis finden. Eine gute Beziehung ermöglicht es aber zumindest, ernsten Streit zu vermeiden und möglicherweise zu der Übereinstimmung zu gelangen, daß wir jetzt nicht zusammenkommen können, aber jeder den anderen akzeptiert. Dies ist eine weit bessere Voraussetzung, zu späterer Zeit und unter anderen Gegebenheiten dann unbelastet aufeinander zuzugehen. Oftmals wird jedoch erstmals durch die Schaffung einer konstruktiven Beziehungsebene ermöglicht, Gemeinsamkeiten zu sehen und zu Lösungen zu gelangen.

Einen solchen Gesprächsverlauf nennen wir die **Zwei-Gewinner-Lösung.**

Demgegenüber steht die Gewinner-Verlierer-Lösung. Sie geht davon aus, daß dann, wenn einer gewinnt, der andere zwangsläufig Verlierer sein muß. Diese Vorstellung scheint weit verbreitet zu sein. Sie beinhaltet dann, daß ich den anderen zum Verlierer machen muß, wenn ich selbst nicht Verlierer sein will. Der Sieg in dieser Weise ist jedoch nur ein halber Gewinn. Zumeist habe ich dann vielleicht in der Sache gewonnen, aber den anderen als Partner verloren. Außerdem sinnt der "Besiegte" vielfach auf Rache, sodaß der Sieg immer wieder verteidigt werden muß.

Bei der Zwei-Gewinner-Lösung liegt der erste gemeinsame Erfolg auf der Beziehungsebene; jeder bemüht sich, den anderen und seine Position zu verstehen und selbst angenommen zu werden. Darauf aufbauend lassen sich viel eher die Möglichkeiten ausschöpfen für eine Gemeinsamkeit in der Sache. Der Gewinn liegt also erstens in der Beziehungs und zweitens in der Sache. Außerdem können beide mit einem guten Gefühl das Gespräch beenden.

Der Weg zur Zwei-Gewinner-Lösung führt über drei Stufen:

1. die Akzeptanz, das Annehmen des anderen, so wie er ist, und das Bemühen, ihn zu verstehen;
2. danach die Verfolgung des eigenen Ziels, d.h. die Erklärung des eigenen Standpunktes,
3. darauf aufbauend das Finden gemeinsamer Ziele und Lösungen.

Beginnen wir direkt mit unserem Standpunkt oder Anliegen - "fallen mit der Tür ins Haus" - anstatt zunächst den anderen unsere Akzeptanz spüren zu lassen und auf Rückmeldungen zu achten, so kann es sein, daß unser Partner bereits mit seiner Reaktion beschäftigt ist und unsere anschließenden Worte der Akzeptanz gar nicht mehr hört.

Akzeptanz bedeutet nicht, daß wir der gleichen Meinung sein müssen, sondern zunächst nur, daß wir unseren Partner in seinem Anderssein und mit seinen, möglicherweise nur entgegengesetzten Zielen akzeptieren. Dies führt zumeist zu einer konstruktiven Basis, im dritten Schritt gemeinsam nach Übereinstimmungen und Lösungen zu suchen. Je besser es uns gelingt, hierbei den anderen aktiv zu beteiligen - wozu sich oftmals konstruktive Fragen recht gut eignen - umso mehr wird das Resultat als gemeinsames Ergebnis empfunden und getragen.
Durch konstruktives Handeln verhelfen wir dem, was wir im inneren Dialog vorbereitet haben, zum äußeren Erfolg.

7.3 Im Handeln verwirklicht sich unser Denken

Durch unser Handeln wirken wir nach außen. Durch das, was wir tun und wie wir handeln, gestalten wir die Beziehung zu unserer Umwelt und beeinflussen, inwieweit sich unsere Ziele und Absichten verwirklichen, Wirklichkeit werden. Bleiben wir dabei im Einklang mit uns selbst, so wirkt unser Verhalten echt und überzeugend. Es kann von Partnern eher respektiert werden, selbst wenn diese im Ergebnis nicht mit uns übereinstimmen.

In diesem Falle ist unser Handeln Ausdruck dessen, was wir in uns vorbereitet haben. Wie innen, so außen. Je klarer unser Denken und unsere Zielvorstellungen sind, umso eindeutiger ist unser Handeln. Besteht in uns noch ein Zwiespalt und zweifeln wir, so ist es nicht erstaunlich, wenn dies auch die Überzeugungskraft unseres Handelns beeinträchtigt. Soweit es das Umsetzen unseres Denkens betrifft, geht es hier weniger um neue Gedanken, sondern mehr um Methoden als sinnvolles Werkzeug, um unser Denken in Handeln zu verwirklichen; wir verweisen hier auf den Abschnitt 7.2, in dem das Handeln als Segment des Selbst-Steuerungs-Systems behandelt wird.

Eine Problematik unseres Handelns entsteht jedoch insbesondere dann, wenn sich unser Tun verselbständigt und den Kontakt verliert zu unserem inneren Dialog, unserem zielorientierten Denken, unserer inneren Bewußtheit. Dann gewinnt unser Handeln eine Eigendynamik, die von Reaktion und Gegenreaktion bestimmt ist. Dies bedeutet, daß die Antriebe, das, was unser Handeln bestimmt, immer weniger unseren Zielen entsprechen, sondern außen eingeleitet sind. Besonders, wenn wir engagiert gegen etwas sind, kann durch unsere starke Reaktion darauf die paradoxe Situation entstehen, daß wir gerade dem, was wir ablehnen, die Steuerung unseres Handelns überlassen.

Wenn wir so den Kontakt zu unserer inneren Ebene verlieren, gehen wir auch unserer Identität und der Kraft des authentischen Ausdrucks verlustig. Wir engen uns ein auf die Ebene des Verhaltens und des Austausches von Meinungen. Wenn wir unser Ich und die Bewußtheit unseres Verhaltens "beurlauben", übergeben wir unser Handeln der Fremdbestimmung. Dabei handelt es sich zum einen um von außen kommende Auslöser und zum anderen um in uns gespeicherte frühere Botschaften.

Eine Metapher ist die Geschichte eines Huhns, das all seine Energie vergeblich darauf verwendet, Wege zu finden, um durch einen Zaun hindurchzukommen. Es konzentriert sein ganzes Handeln auf die Überwindung des Zaunes, den es als den Widersacher ansieht. Es ist so dicht am Zaun, daß es in seinem Blickwinkel nicht mehr wahrnehmen kann, daß dieser nur 2 Meter breit ist und es zur Zielerreichung viel weniger Energie erfordern würde, den Zaun zu umgehen.

Wir erkennen daraus: Abstand schafft Übersicht. Diese geht verloren, wenn sich unser Handeln verselbständigt und wir vor lauter Reaktion nicht mehr zum Denken kommen.

Handeln ist also nicht Selbstzweck, sondern notwendig, wenn wir danach streben, uns, unser Denken und unsere Ziele in dieser Welt zu verwirklichen. Der doppelte Ursprung, die doppelte Natur des Menschen als geistiges und materielles Wesen stellt uns vor diese Aufgabe.

Einige östliche Glaubensrichtungen zielen darauf ab, den Zwiespalt aufzulösen zwischen der Absolutheit des Geistes und der Unzulänglichkeit des Körperlichen, der Materie, die den Gesetzen des Wandels mit seinen Zyklen des Entstehens, Wachsens, Reifens und Vergehens unterworfen ist. Dieser östliche Glauben sieht den Weg in dem Verzicht auf nach außen gerichtete

Wünsche und damit auf die Notwendigkeit des Handelns. In Indien erzählt man eine Analogie:

Ein nach Erlösung Strebender pilgerte zu einem weisen Mann und sagte: "Ich will Frieden." Er bat den Heiligen, ihm den Weg zu zeigen. Dieser erklärte, daß das "ICH" für unser Ego steht und das "WILL" für unsere Triebe und Wünsche, die uns immer wieder zum Handeln antreiben und nach Besitz streben lassen, nach Werten in der materiellen Welt. Wenn Du das "ICH" fortläßt und auf das "WILL " verzichtest, dann bleibt Dir "Frieden".

Im Abschnitt 7.1 bei der Darstellung der "Drei-Finger-Technik" als Schlüssel zur inneren Bewußtseinsebene haben wir bereits in anderer Weise auf diese Denkrichtung hingewiesen.

In den beiden in diesem Buch behandelten Wegen, der bewußten Meditation und dem Selbst-Steuerungs-System, beachten wir die zweifache Natur des Menschen als denkendes und handelndes Wesen, eingebunden in die Gegebenheiten dieser dualistischen Welt. Die erhöhte Bewußtheit in diesem Sinne hilft uns dann, durch die eindeutigere Differenzierung nicht zu trennen, sondern Gräben zu überwinden und Verbindungen herzustellen. Wie innen, so außen. Durch das richtige Einstimmen sind wir bemüht, unser Handeln immer mehr in Einklang zu bringen mit der Bewußtheit über uns selbst und den Gegebenheiten unserer Umwelt. Mit dem Handeln gestalten wir uns, unsere Ziele und unser Denken.

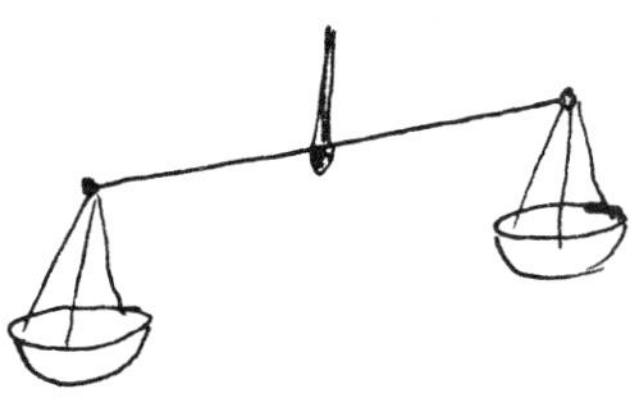

8.1
Bewußt leben mit unserem Unbewußten

Beim bewußten Leben mit unserem Unbewußten geht es in der Grundhaltung darum, auch den Kräften und Fähigkeiten in uns Raum zu geben, die außerhalb dessen liegen, was wir bewußt mit unserem Verstand steuern und kontrollieren können. Wir unterstützen dies, indem wir akzeptieren, daß es solche Bereiche gibt, die außerhalb unserer Logik tätig sind, und daß die aus dieser Tätigkeit resultierenden Ergebnisse und insbesondere auch deren Zustandekommen durch unser lineares Denken nicht nachvollzogen werden können.

Sobald wir die ursächlichen Zusammenhänge einer Auswirkung nicht mehr nachzuvollziehen vermögen, neigen wir oft dazu, die Ergebnisse für unrealistisch zu halten oder für "Wunder". Als Wunder könnte man dabei Geschehnisse bezeichnen, deren Ursache und Entstehung außerhalb unseres Denkvermögens, unseres Wissens und unserer Vorstellung liegen. Wir wollen hier den Leser nicht zu einem Wunderglauben überreden - und erst recht nicht zu dem Glauben, daß Dinge ohne Ursache geschehen und wir ohne Folgen handeln könnten. Wir wollen Sie aber ermutigen, Wunder - wunderbare Geschehnisse - in Ihrem Leben zuzulassen und zu erleben.

Eine solche Haltung bereichert unser Leben. Wir erschließen nicht nur Energien und ein in uns liegendes Potential, sondern wir schaffen bewußt Voraussetzungen für eine stärkere Entfaltung. Das intensivierte Zusammenwirken zwischen unserem Bewußten und unserem Unbewußten - z.B. indem wir mit unserem Wachbewußtsein von der äußeren Bewußtseinsebene auf die innere wechseln - fördert eine harmonischere Zusammenarbeit zwischen den Ebenen. Sie kann uns helfen, manchen Zwiespalt und manche Widersprüche in uns aufzudecken und somit zu mehr Zielklarheit zu gelangen. Verfolgen wir mit unserem Bewußtsein und unserem Unbewußten die gleichen Ziele, dann werden wir zwangsläufig auch erfolgreicher sein, wobei "Erfolg" als Erreichung unserer Ziele verstanden wird. Wir können uns das Zusammenwirken der äußeren und der inneren Bewußtsseinsebene vielleicht vereinfacht vorstellen wie zwei Ruderer: Statt in getrennte Richtungen zu fahren, steuern nun beide in dieselbe Richtung.

Die bewußte Meditation auf unserer inneren Bewußtseinsebene mit all ihren Einsatzmöglichkeiten - des persönlichen Entspannungsortes, des Bildschirmes und des Arbeitsraumes mit der Hinzuziehung von Beratern - gibt uns einen wirkungsvollen Schlüssel, um diesen Bereich für unser künftiges Leben zu öffnen. Die vorgestellten Übungen sind einerseits geeignet, das in unserem Unbewußten wirkende Potential anzusprechen und zu erreichen. Dieses Potential will uns ja prinzipiell unterstützen, entsprechend dem, was es für richtig für uns hält. Andererseits ermöglicht die Art der Übungen auch unserem Bewußtsein, Problemstellungen, Fragen, Veränderungen und Ziele zu thematisieren und sich darauf zu konzentrieren.

Regelmäßiges Üben - wenn möglich zweimal täglich - fördert den Nutzen und macht unserem Unbewußten deutlich, daß wir es als Freund annehmen. Haben Sie Ihre Übungen dennoch einmal eine Zeitlang unterbrochen und dann z.B. Schwierigkeiten, sofort mit der Drei-Finger-Technik erfolgreich zu sein, so beginnen Sie einfach wieder mit dem ausführlicheren Weg auf die innere Bewußtseinsebene; nach wenigen Übungen wird Ihnen dann auch der alte Schlüssel wieder zur Verfügung stehen.

Zusätzlich wird das bewußte Leben mit dem Unbewußten uns zunehmend sensibilisieren, Ereignisse, die uns bisher als zufällig erschienen sind, nun als Signale wahrzunehmen, deren Deutung wichtige Hinweise geben kann.

Bei einer jungen, auch im Berufsleben recht erfolgreichen Frau, die bei uns im Intensiv-Seminar war, fiel auf, daß sie an ihrer Hand und insbesondere an ihrem Ringfinger, seit einiger Zeit einen Hautausschlag hatte. Sie stand kurz vor ihrer Hochzeit, nachdem sie früher schon einmal die Verlobung mit einem anderen Freund gelöst hatte. Offen dafür, den Hautausschlag nunmehr nicht nur als zufällig anzunehmen, brachte sie ihn in Zusammenhang mit dem Ring, den Verlobungen und der künftigen Ehe. Da diese Schlußfolgerung aber nicht zu Erkenntnissen führte und erst recht nicht zu solchen, die Konsequenzen und konkretes Handeln erforderten, regten wir an, dies bei einer bewußten Meditation zu thematisieren. Die Aussage des Unbewußten lautete: "Steck' Deine Hände nicht in Dinge, die Dich nichts angehen!" und brachte diese Botschaft in Zusammenhang mit ihren beruflichen Aktivitäten. Ihr wurde danach bewußt, daß sie in letzter Zeit begonnen hatte, sich im Geschäft um viele Dinge zu kümmern, zumeist kritisch, die sie eigentlich nichts angingen und im Beurteilungsbereich ihres Vorgesetzten lagen. Sie änderte nun daraufhin ihr Verhalten. Einige Wochen später erhielt sie die Rückmeldung, daß ihr Vorgesetzter, der sie generell sehr schätzte, durch die ständigen Einmischungen bereits geneigt war, sich von ihr zu trennen.

Dieser Vorfall kann uns verdeutlichen, daß es sinnvoll ist, wenn wir Signale unseres Körpers oder intensive Träume auch dahingehend interpretieren, ob sie Informationen für uns enthalten. Dies trifft auch auf Wiederholung von Geschehnissen zu, z.B. wenn wir uns häufig auf dem Weg zu einem ganz bestimmten Treffen verfahren, uns verspäten oder sonst etwas dazwischenkommt. Wir sind leicht dazu geneigt, den neuen Aussagewert einer Information zu übergehen, wenn wir die Nachricht auch in einem Sinne deuten können, der unserem bisherigen Denken entspricht; deshalb ist es sinnvoll, hier besonders sorgfältig zu sein. Intensive Botschaften haben in der Regel einen höheren Aussagewert als die reine Bestätigung dessen, was wir ohnehin tun wollten. Durch bewußte Meditation und Thematisierung auf der inneren Bewußtseinsebene können wir unserem Unbewußten deutlich machen, daß wir die Nachricht zwar nicht übergehen wollen, aber noch nicht sicher sind, sie richtig verstanden zu haben, und um zusätzliche Verdeutlichung bitten.

Natürlich könnte man jetzt einwenden, daß wir auch mit dem wachen Bewußtsein unserer Logik Situationen und die Konsequenzen unseres Handelns nach verschiedenen Auswirkungen hin analysieren und überdenken können. Dies sollten wir auch weiterhin praktizieren und möglichst konstruktiv und zielorientiert im Sinne der gleichfalls in diesem Buch dargestellten Drei-S-Methode. Wenn wir jedoch gleichzeitig unsere darüber hinausgehenden Fähigkeiten und das Potential unseres Unbewußten aktivieren, steigern wir unsere Leistungsfähigkeit. Wir gewinnen damit einen kompetenten Freund, der uns unterstützt. Wir sollten sein zusätzliches Wissen und seine andere Sichtweise aufmerksam beachten. Wenn wir uns dann auf gemeinsame Ziele verständigen können und unser Bewußtes mit dem Unbewußten erfolgreich zusammenwirkt, wird uns dies helfen, unsere Ziele zu realisieren.

8.2 Mit Bewußtheit zum Erfolg

Ein in Deutschland freiberuflich Tätiger war im Ausland an einer kleinen Firma beteiligt. Die Ergebnisse blieben deutlich hinter den Erwartungen zurück. Das Engagement brachte ihm nur erhöhten zeitlichen Aufwand, Ärger und Risiken ein. So entschloß er sich, die Beteiligung aufzugeben, auch wenn er dabei keine Vergütung für die von ihm bereits erbrachten Leistungen erwarten konnte, bestenfalls die Rückzahlung des eingebrachten Kapitals.

Gleichzeitig hatte sich bei den ausländischen Mitgesellschaftern Unmut über die Zusammenarbeit aufgestaut. Sie wünschten ihrerseits das Ausscheiden ihres bisherigen Partners bzw. die Übertragung der Anteile auf eine andere Gesellschaft, die auf der Beschaffungsseite für sie tätig werden konnte. Davon versprachen sie sich eine Stabilisierung des eigenen Geschäfts. Sie teilten dies ihrem deutschen Partner mit, für den sich nun die überraschende Möglichkeit ergab, seine Beteiligung mit Gewinn zu veräußern.

Statt nun diese Gelegenheit, die den eigenen Absichten so sehr entgegenkam, zu nutzen, lief bei unserem Freiberufler ein ganz anderes Programm ab. Er sah in der Handlung eine Beleidigung seiner Person. Sein Wertsystem und seine inneren Motivationsfaktoren sagten ihm: "So geht man nicht mit mir um; ich werde ihre Pläne durchkreuzen."

Das Ergebnis war, daß sich die Auseinandersetzungen über ein Jahr hinzogen, die Partner ihre jeweiligen Geschäfte verlagerten und die Beteiligung wertloser und lästiger wurde. Am Ende war der Freiberufler bereit, die für ihn lästigen, zeitraubenden und unwirtschaftlichen Auseinandersetzungen zu beenden und sich mit einem Bruchteil seines eingezahlten Betrages zufriedenzugeben. Die reine Reaktion auf die Handlungen seiner Partner hatten ihn blind werden lassen für seine eigenen Absichten. Damit hatte er die Selbststeuerung seines Verhaltens verloren und konnte die Möglichkeiten der gegebenen Situation nicht für sich nutzen. Auch im Bereich der zwischenmenschlichen Beziehungen und der Emotionen gab es unnötige gegenseitige Verletzungen. Er hatte weder die Situation richtig erkannt, noch sich auf seine Partner eingestellt, oder seine wirklichen eigenen Ziele verfolgt.

Wie wir bereits im einleitenden Abschnitt 1.2 darstellten, ist die Drei-S-Methode geeignet, uns von der Reaktion zur Selbststeuerung zu führen. Durch zunehmende Bewußtheit können wir Denkblockaden abbauen, um unser Verhalten an der Situation, unseren Partnern sowie unserer eigenen Befindlichkeit und unseren Zielen zu orientieren.

Im wesentlichen sind es vier Schritte, die uns helfen können, mehr Bewußtheit zu erlangen, unsere Ziele klar zu erkennen und kompetent zu handeln. Der erste Schritt besteht darin, nicht nur im äußeren Dialog zu reagieren, sondern unseren inneren Dialog bewußt zuzulassen und damit Zugang zu finden zu unseren Ressourcen und Energien. Reagieren wir nur auf die Handlungen des anderen, dann werden wir kaum die dahinterliegenden Motivationsfaktoren erkennen und ansprechen können, um eine Verhaltensänderung zu ermöglichen.

Der nächste Schritt führt uns dazu, die Kompetenzen bei uns und beim anderen zu erkennen. Wir versuchen also, die Verhaltensmöglichkeiten und den Handlungsspielraum beim anderen und bei uns mit den Stärken und Schwächen in bezug auf die gegebene Situation zu berücksichtigen. In einer Verhandlung könnte dies z.B. bedeuten zu überprüfen, inwieweit für das Eingehen und Einhalten einer Vereinbarung u.a. die notwendige Zeit und die erforderlichen finanziellen Mittel verfügbar sind.

Kommt es trotz der erforderlichen Kompetenzen nicht zu dem entsprechenden Verhalten, dann ist es sinnvoll zu überprüfen, inwieweit Normen oder Wertsysteme dem entgegenstehen, sei es bei uns oder beim Partner. Verfügt jemand durchaus über die finanziellen Mittel, z.B. ein Warentermingeschäft abzuschließen und hat auch Interesse an einer verzinslichen Geldanlage, will jedoch einen entsprechenden Abschluß nicht tätigen, so kann es sein, daß dem die Norm entgegensteht "man macht keine Spekulationsgeschäfte". Nun können wir überprüfen, ob das zur Disposition stehende Verhalten überhaupt gegen diese Normen verstößt oder nicht und ob es sinnvoll ist, diese Normen zu revidieren. Sind die Normen aufrechtzuerhalten und nicht in Einklang zu bringen mit dem vorgesehenen Verhalten, so müssen wir Verhaltensalternativen entwickeln, die den Normen Rechnung tragen. Dies gilt widerum sowohl für uns als auch für unseren Gesprächspartner.

Kommen wir hier zu einer Klärung, aber zögern dennoch bei der entsprechenden Handlung, so gilt es schließlich noch zu ergründen, ob irgendwelche geheimen Botschaften, unbewußte Ziele und Normen uns im Wege stehen. Dieser blinde Fleck behindert uns, wesentliche Einflüsse auf unser Verhalten zu erkennen. Auch hier kann uns die Bereitschaft, selbst kleine Signale zu beachten und Zugang zum Unbewußten zu suchen, helfen.

Je bewußter wir die vorangegangenen vier Schritte durchlaufen, umso klarer werden wir den Gegebenheiten entsprechende Ziele und Handlungen erkennen. Die sensible Wahrnehmung, die Berücksichtigung unserer Wertsysteme, zu deren Erkennen uns oftmals die Beachtung der Gefühle Zugang vermittelt, die Entwicklung klarer Ziele und Handlungsalternativen sowie im Segment der mentalen Energie die Überprüfung, ob dies authentisch ist für uns als ganze Person, uns dann die Basis für ein entsprechend überzeugendes und kongruentes Handeln. Diese Freiheit des Handelns erringen wir, indem wir möglichst weitgehend die Realität berücksichtigen und bereit sind, die Konsequenzen unseres Tuns zu tragen.

Gerade auch für unsere längerfristigen Planungen ist es sinnvoll, unserer Energiebilanz und unserer Identität in den verschiedenen Rollen Beachtung zu schenken; (vgl. hierzu auch die Ausführungen im Abschnitt 6.2 über mentale Energie). Es ist sinnvoll, denjenigen Bereichen genügend Zeit und Aufmerksamkeit zu widmen, aus denen wir unsere positive Energie gewinnen. Bei den Funktionen, mit denen wir uns weniger identifizieren können und die uns mehr Energie abverlangen als sie uns geben, gilt es kritisch zu prüfen. Sobald wir uns der Situation bewußt geworden sind und den Maßstab unserer wirklichen Ziele anlegen, ist es oftmals möglich, diese Rollen, Funktionen und Beziehungen zu anderen zu beenden, zu verändern oder zu reduzieren. Gelegentlich ist jedoch eine direkte Änderung nicht möglich, z.B., wenn die Funktionen und Beziehungen notwendig sind zu unserer Existenzsicherung und zur Bestreitung unseres Lebensunterhaltes. Vielfach kann aber die Klarheit über diesen Nutzen unsere Einstellung verbessern. Unsere Identifizierung mit der Funktion und die damit verbundene Energiebilanz werden positiv beeinflußt, wenn wir sie im Zusammenhang sehen mit dem, was uns dadurch in anderen Bereichen erst ermöglicht wird. Wir können dann diesen Bereich besser akzeptieren als einen Teil, der notwendig ist, unsere Ziele zu erreichen, also in unserem Sinne erfolgreich zu sein.

Die Selbststeuerung auf Erfolgskurs bedeutet nicht nur, dasjenige Verhalten, mit dessen Ergebnis wir nicht mehr zufrieden sind, zu korrigieren, sondern auch erfolgreiches Verhalten zu multiplizieren. Vielfach gelingt uns dies im Dialog mit uns selbst. Oftmals ist es hilfreich, das Gespräch oder auch die

Beratung mit anderen zu suchen.

Haben wir unsere Stärken und erfolgreichen Verhaltensweisen erkannt, so können wir sie in Relation zur gegebenen Situation - dem Umfeld und den Partnern - würdigen. Aufbauend auf diese uns bewußt gewordenen Fähigkeiten können wir dann für andere Situationen unser Verhalten entsprechend variieren, in Handlungen ausprobieren, die Reaktionen sorgfältig beobachten und eventuelle Anpassungen vornehmen, um schließlich unser Handlungsrepertoire mit erfolgreichen Strategien zu erweitern.

Durch realistische und uns gemäße Ziele, Konzentrationen unserer Energien und Entwicklung entsprechender Handlungsalternativen steuern wir uns auf Erfolgskurs.

8.3 Die Kunst des ungenauen Denkens

Üblicherweise werden wir angehalten und erzogen, logisch, d.h. folgerichtig, zu denken. Aus der Analyse, den Zielen, den Pro-und Kontra-Argumenten ziehen wir unsere Schlüsse. Wir argumentieren, indem wir überprüfen, inwieweit Schlußfolgerungen aus vorangegangenen Erkenntnissen abgeleitet werden können. Gefragt sind dann eindeutige Begriffe sowie präzises und genaues Denken.

Je unüberschaubarer die Umwelt ist, je komplexer die Zusammenhänge und je ungewisser die Vorhersagen und Erwartungen, umso mehr stoßen wir mit diesem Denkvermögen an Grenzen. Wollen wir diese Begrenzung auf das uns Bekannte überwinden, so ist es sinnvoll, eine zusätzliche Form unseres Denkens zu trainieren.

Als Analogie könnten wir uns im Körperlichen vorstellen, wie wir uns fortbewegen. Dies geschieht auf festem Boden durch Gehen oder, wenn wir es beschleunigen wollen, durch Laufen. Kommen wir zu einem Wasser - verlieren wir den festen Boden unter den Füßen - so sind diese Fähigkeiten nicht mehr ausreichend - wir müssen schwimmen lernen.

Das genaue Denken ist eindeutig und schlüssig - es funktioniert in einem geschlossenen System und auf dem festen Grund von Erkenntnissen und Grundannahmen. Das ungenaue Denken hingegen ist mehrdeutig und offen - geöffnet für mehrere Einflüsse, zusätzliche Situationen, aber auch mehr Lösungsmöglichkeiten. Es ist offen für Neues und Unbekanntes und damit auch ein guter Zugang für Kreativität.

Beide Formen des Denkens schließen sich nicht aus, sondern können sich sinnvoll ergänzen. Befassen wir uns mit einem Detail oder einer eindeutigen Situation, so ist das genaue, rationale Denken das geeignete Instrument, durch Analyse und vernünftige Schlußfolgerungen zu eindeutigen Erkenntnissen und konkreten Handlungsalternativen zu gelangen. Wir nutzen unsere Denkmöglichkeiten durch Konzentration auf ein überschaubares Problem.

Das ungenaue Denken ist eher geeignet für globale Situationen mit ihrer Komplexität, ihren unüberschaubaren Vernetzungen und Ungewißheiten. Wir engen uns nicht auf eine Denkrichtung ein, sondern öffnen uns für Intuitionen. Manche Erfindungen gründen auf solche schöpferischen Eingebungen; viele Menschen haben den Dampf im Wasserkessel beobachtet, ohne auf den Gedanken zu kommen, daß hier eine Kraft erkennbar ist, die genutzt werden kann. (vgl. hierzu auch im Abschnitt 6.3 das kreativ lösbare Nichtwissen). Die Akzeptanz des Irrationalen erschließt uns die Basis, auf der wir rational aufbauen können.

Die Offenheit des Denkens macht uns bereit, mehr Lösungsmöglichkeiten zu erkennen und anzunehmen. Dies gilt nach innen wie nach außen. Nach innen bedeutet es, uns zu öffnen für unsere Intuitionen und das Wissen unseres Unbewußten; die bewußte Meditation und in der Drei-S-Methode insbesondere die mentale Energie sowie die Beachtung unserer Gefühle geben uns hier einen guten Zugang. Nach außen bedeuten sie unsere Fähigkeit, nützliche Gegebenheiten und Informationen wahrzunehmen, auch wenn sie von dem abweichen, was wir erwartet und vorausgedacht haben.

In einem Märchen wird von einem Prinzen berichtet, dem ein Kästchen für einen Ring übergeben wird mir der Aufgabe, das Schmuckstück zu finden. Aus einem Fluß birgt er eine Krone. Da sie jedoch nicht in das Kästchen paßt, tauscht er sie gegen einen Ring. Später erfährt er, daß das Bringen der Krone die entscheidende Aufgabe gewesen wäre, die ihm Glück, Reichtum und Herrschaft gebracht hätte.

Die kreative Ungenauigkeit, Neues und Sinnvolleres zuzulassen, wird gefördert durch das Denken in Metaphern mit seinen Bildern und den Analogien, die einerseits Übereinstimmungen mit uns Bekanntem enthalten und andererseits doch so unterschiedlich sind, daß sie weitere Erkenntnisse zulassen. Wenn heute immer mehr komplexes, vernetztes und ganzheitliches Denken gefordert wird, so bedeutet dies auch, Dinge, die noch unbekannt und von uns nicht genau beschrieben werden können, mit in die Überlegungen einzubeziehen. Ergänzt wird die kreative Ungenauigkeit durch die Fähigkeit, durch überschlägiges Abschätzen der Ergebnisse die Relevanz für unser Thema abzuprüfen.

Im Gespräch helfen uns genaue und präzise Aussagen, das, was wir meinen, mitzuteilen, und zwar klar, eindeutig, aber auch wenig Raum für Ausdeutungen lassend. Ungenauere Beschreibungen können so angelegt sein, daß sie die Fantasie unseres Partners anregen und damit auch neue Gedanken zulassen, die möglicherweise zu besseren Lösungen und mehr Gemeinsamkeiten führen.

Rationales, intuitiv genaues und ungenaues Denken schließen sich nicht gegenseitig aus, sondern sind Pole eines gemeinsamen Ganzen (vgl. Abschnitt 4.3 über die Wahrheit des Paradoxen). Neue und noch unbekannte Bereiche als Ergänzung und Basis unseres rationalen Denkens zu erschließen und zuzulassen ist die Kunst des ungenauen Denkens.

Werden Sie der Regisseur Ihres Lebens!

Liebe Leserinnen, liebe Leser,

wenn wir zum Abschluß diesen Brief an Sie schreiben, wissen wir nicht, in welcher Art und Weise Sie dieses Buch gelesen haben: Haben Sie es in einem gelesen oder abschnittweise, haben Sie gelegentlich innegehalten, um Reflexionen zu Ihren eigenen Gedanken und Ihrem Erleben nachzugehen, wurden Sie an manchen Stellen zum Widerspruch oder zur Nachdenklichkeit angeregt? Oder hat sich vielleicht auch Ihr Unbewußtes gemeldet durch Tagträume, Visionen oder andere Reaktionen? Gleichwie - wir freuen uns, wenn es für Sie Anlaß war, sich aktiv auseinanderzusetzen mit sich selbst, Ihrem Weltbild und Ihrer Situation.

Mit der bewußten Meditation und der Drei-S-Methode wollten wir Ihnen zwei Wege aufzeichnen zu den Ressourcen Ihres Unbewußten sowie zu bewußterem Leben. Je mehr Sie sich selbst erkennen und annehmen, Ihre Partner im Anderssein akzeptieren und die Umwelt so nehmen, wie sie ist, umso realistischer können Sie Ihre Ziele setzen. Dies zuzulassen, fördert die Gelassenheit. Klare und realistische Ziele haben eine gute Chance, Wirklichkeit zu werden, unser Denken zu ver-wirklichen. Zunehmende Bewußtheit im Einklang mit den in unserem Unbewußten wirkenden Kräften stärken die Authentizität der Persönlichkeit und, gepaart mit kongruentem Handeln, die Überzeugungskraft. Bewußtheit führt zum Erfolg.

Wir wünschen Ihnen die Visionen und Intuitionen, um die Ihnen gegebenen Möglichkeiten zu nutzen und den für Sie richtigen Weg zu finden. Die Offenheit nach innen und außen, die Zielklarheit und die Flexibilität, sich partner- und situationsgerecht zu verhalten, mögen Ihnen dabei helfen. Wir wünschen Ihnen Spaß und Erfolg, die in Ihrem Unbewußten liegenden Fähigkeiten und Energien zu entdecken und bewußt einzusetzen. Seien Sie auf der Weltbühne nicht nur Schauspieler, der auf Stichworte reagiert, sondern seien Sie der Regisseur Ihres Lebens!

Viel Erfolg auf Ihrem Weg

Ihre

Gabriele + Klaus Birker

Literaturhinweis

Berne, Eric
- Spiele der Erwachsenen
  Reinbeck 1967 und München 1975

- Was sagen Sie, nachdem Sie guten Tag gesagt haben?
  München 1975

Birker, Klaus und Gabriele
Mit Bewußtheit zum Erfolg
Speyer 1991

Birker, Klaus
Konstruktive Gespräche führen
AKAD Fernlehrgang Band 11
Zürich 1975

English, Fanita
Transaktionale Analyse und Skriptanalyse
Aufsätze und Vorträge
Hamburg 1976

Friebe, Margarete
- Das Alpha-Training
  Zürich 1987

- Das Omega-Training
  Engelberg/Schweiz und München 1982

Grinder, J. - Bandler, R.
Kommunikation und Veränderung
Paderborn 1982

Harris, Thomas A.
Ich bin OK - Du bist OK
Reinbeck 1974

Kybalion
Heidelberg/München 1981

Rautenbach, Werner - Rogoll, Rüdiger
Werde, der du werden kannst
Freiburg, Basel, Wien 1980

Rogoll, Rüdiger
Nimm dich, wie du bist
Freiburg, 1976

Vester, Frederic
- Neuland des Denkens - Vom technokratischen zum kybernetischen Zeitalter
Stuttgart 1980

- Denken, Lernen, Vergessen
- Was geht in unserem Kopf vor, wie lernt das Gehirn, und wann läßt es uns im Stich?
Stuttgart 1975, München 1978

Watzlawick, Paul
- Lösungen: Zur Theorie und Praxis des menschlichen Wandels
Stuttgart 1971

- Menschliche Kommunikation
Formen, Störungen, Paradoxien
Stuttgart 1974

- Wie wirklich ist die Wirklichkeit?
Wahn, Täuschung, Verstehen
München 1976

STUFE zum Erfolg
Ein Lehr- und Lernkonzept zur Förderung fachübergreifender Fähigkeiten

Was ist das *STUFE*-Konzept?

STUFE bedeutet: ***STU**dium **F**undamentale et **E**fficiens.* Auch für einen "Nicht-Lateiner" ist damit erkennbar, was hier mit STUFE gemeint ist: ein Studium (Lernen allgemein und im besonderen) zum Erlernen grundlegender fachübergreifender Fähigkeiten und Methoden, um ein effizienteres (Weiter)-Lernen in unterschiedlichen Lebensbereichen zu ermöglichen. STUFE repräsentiert 5 Bausteine - 5 Schritte zum Erfolg:

1. **Persönlichkeits-Analyse -** Persönlichkeit erkennen und akzeptieren: Erfolgs-Potentiale nutzen
2. **Berufszielfindung** und Umsetzungsstrategie für Studium / Ausbildung / Weiterbildung
3. **Ganzheitliches Ziel-, Zeit- und Selbstmanagement** einschließlich grundlegender Lerntechniken
4. **Mit Bewußtheit zum Erfolg -** Bewußt leben mit dem Unbewußten - Bewußte Meditation, ein mentales Training: ***S**elbst-**S**teuerungs-**S**ystem* - Drei-S-Methode
5. **Moderations-Technik** am Beispiel der Methodik wissenschaftlichen Arbeitens

Ziel ist die Integration des STUFE-Konzeptes in die Leistungsangebote unterschiedlicher Bildungseinrichtungen. Zunächst werden Bildungseinrichtungen der Wirtschaft sowie die Universitäten/Fachhochschulen, aber auch Einrichtungen der Jugend- und Erwachsenenbildung angesprochen.

Eine Erweiterung ist möglich und geplant. So sollen in Zukunft alle anderen schulischen Einrichtungen in dieses Konzept einbezogen werden. Dazu gehört, möglichst viele Lehrer, Dozenten, Lehrbeauftragte, Ausbilder und Weiterbildner für die Umsetzung von STUFE zu begeistern.

Kompetenten Multiplikatoren vermitteln wir Ziele, Methoden und Inhalte der STUFE-Bausteine in Train-the-Trainer-Seminaren. Zu jedem STUFE-Baustein gehört - neben einem Trainerleifaden mit Folien und Kopiervorlagen für Teilnehmer-Unterlagen - ein **GABAL-Teilnehmerarbeitsbuch**.

Weitere Informationen:

ABV Institut für angewandte Betriebsorganisation und Verhaltenspsychologie

Wir betreuen Firmen, Organisationen und Personen in Seminaren und im Intensiv-Training. Die jeweiligen Seminarinhalte werden den Kundenanforderungen angepaßt. Dabei können wir auf der Basis umfassender, praktischer Erfahrung in Führungsverantwortung in der Wirtschaft auch spezielle Themen aus den verschiedensten Fachbereichen integrieren, z. B. Vertrieb, Organisation, Informationswesen und Controlling.

Wir bieten an:

Seminare: Firmenintern oder offen ausgeschrieben

Coaching: Intensiv-Training für Einzelpersonen

Beratung: Z. B. bei der Umsetzung, bei Projektarbeit etc.

Unsere Themen-Schwerpunkte sind:

- **Führungstraining**
  Persönlichkeitsentwicklung
  Kommunikation – Konstruktive Gesprächsführung
- **Teamentwicklung**
  Gruppenleiten
  Organisationsentwicklung
- **Aktivierung unseres „Alpha-Potentials"**
  Nutzung der zusätzlichen Kräfte unseres Unbewußtseins – und bewußtes Handeln
- **Lebendige Partnerschaft**
  Sich selbst und den Partner akzeptieren – und wachsen lassen

Im „lebendigen Lernen" durch Übungen, Rollenspiele, Analyse und Diskussionen in kleinen Gruppen und im Plenum – unterstützt durch Kurzvorträge – wird der Seminarstoff gemeinsam erarbeitet und durch emotionale Grunderfahrungen gefestigt. Unter Einbeziehung eigener Praxisfälle wird „erlebnisorientiertes Lernen" ermöglicht. Gearbeitet wird auf der Basis von TZI (Themen-zentrierter Interaktion), TA (Transaktions-Analyse), „Drei-S-Methode" (Selbst-Steuerungs-System) und, soweit sinnvoll, mit Elementen anderer Methoden.

An der Schanz 2
D-5000 Köln 60
Telefon:
02 21 / 7 60 34 45
Telefax:
02 21 / 7 60 32 53

Gabriele Birker

Prof. Klaus Birker
Dipl.-Kfm.